KB004925

간병살인, 154인의 고백

간병살인, 154인의 고백

우리 사회가 보듬어야 할 간병 가족들의 이야기

유영규 · 임주형 · 이성원 · 신융아 · 이혜리 지음

루아크

일러두기

1. 이 책은 2018년 9월 3일부터 12일까지 8회에 걸쳐 〈서울신문〉에 기획 연재된 '간병살인, 154인의 고백'을 단행본에 맞게 보완해 편집한 것이다.

2. 필자들은 환자를 돌보다 누군가를 살해하는 것을 '간병살인'으로 규정했다. 다만 살인의 의미를 포괄적으로 해석해 치사(폭행·유기 등)와 살인미수, 자살방조 등을 포함했다. 또 대상을 넓게 봐 타인을 살해하는 것만이 아니라 스스로 목숨을 끊는 경우도 포함했다. 이를 기준으로 판결문과 언론 보도, 중앙심리부검센터의 자료를 종합해 2006년부터 2018년 8월까지 발생한 사건 수를 셌다(총 173건). 이는 일본이 분류하는 방식과 동일하다.

   간병살인 희생자(213명)를 셀 때는 살인미수 피해자는 포함하지 않았다. 실제로 살해당하거나 동반자살하거나 환자를 두고 자살한 경우만 집계했다. 간병살인 가해자(154명) 역시 살인미수는 포함하지 않았다. 명백하게 환자를 살해한 경우만 고려했다. 자살도 포함했는데, 동반자살은 자살을 주도한 사람이 있을 것으로 보고 한 사건당 가해자를 한 명으로 보았다.

3. 이 책에서 언급한 피해자 혹은 가해자의 이름은 모두 가명으로 처리했으며, 피해자 혹은 가해자의 나이는 취재 당시의 나이를 기준으로 삼았다.

2003년 가을이었습니다. 16년 전, 당시 기자 초년생이던 제게 경
찰팀장(캡)은 주소 하나를 건네며 "딸을 살해한 아버지를 인터뷰하
라"고 주문했습니다. 경추탈골증후군이라는 희귀병으로 스스로 숨조
차 쉬지 못하는 딸에 매달린 지 7년째…. 가난한 아버지는 아픈 딸의
인공호흡기 전원을 껐습니다. 딸의 생명을 유지할 최소한의 비용인 전
기요금조차 감당하기 어려웠던 가장은 그렇게 남은 가족을 위해 잘
못된 선택을 했습니다. 후회하며 119에 전화를 걸었지만 딸은 이미
숨을 거둔 뒤였고, 아버지는 결국 재판정에 섰습니다.

급한 마음에 용산구 후암동으로 달려갔습니다. 1박 2일 동안 빌
라 앞에서 보초를 선 덕에 어렵사리 아버지를 만날 수 있었습니다. 아
버지는 원망스러운 눈으로 물끄러미 절 쳐다보며 말하더군요.

"입장 바꿔 생각해보세요. 딸 죽인 아빠가 무슨 이야기를 하겠습

니까."

이러지도 저러지도 못한 채 그 자리에 서서 펑펑 울었습니다. 우선 그 아버지와 가족에게 송구했고, 팀장에게 또 어떻게 보고해야 할지 걱정도 됐습니다. 세월이 흘러 울보 기자는 부장이 되었고, 후배들에게 같은 사연이 담긴 가정들의 주소를 건넸습니다.

벼랑 끝으로 몰려 극단적인 선택을 하는 간병 가족들의 현실은 달라진 게 없다는 판단에서입니다. 그래서 한 자 한 자 각인하듯 기록을 시작했습니다. 〈서울신문〉 탐사기획부가 8회에 걸쳐 내놓은 '간병살인, 154인의 고백'의 출발점이기도 합니다.

우선 한국 사회에서 일어나는 가족 간병살인의 실태를 전수조사해보기로 했습니다. 마땅한 국가통계가 없는 현실에서 언론이 먼저 실태 파악을 해보자는 취지였습니다. 2006년부터 10여 년간 간병살인 관련 판결문을 모두 확보했고, 보건복지부가 진행 중인 자살사망자 전수조사와 중앙심리부검센터가 분석한 자살사망자 289명의 심리부검 사례도 확인했습니다. 주소 하나만 달랑 들고 전국을 돌며 간병살인 가해자들을 직접 만나기도 했습니다. 직접 만나지 못한 경우 주변 친인척과 지인을 대상으로 사실관계를 확인했습니다. 그렇게 꼬박 3개월여가 걸렸습니다.

현실은 충격적이었습니다. 2006년 이후 간병살인 가해자 수는 총 154명, 희생자 수는 213명에 달했습니다. 안타깝게도 가해자들은 한때 주변에서 희생적인 부모이거나 효자, 효부로 불린 이들입니다. 하지만 끝 모를 간병의 터널에서 결국은 무너졌습니다. 빚은 눈덩이처럼 불어났고 다른 가족 구성원의 삶은 나락으로 떨어졌습니다.

　한국 사회가 애써 외면하는 사이 벼랑 끝으로 몰리는 간병 가족 수도 빠르게 늘고 있습니다. 가정에서 돌봄을 받는 환자가 100만 명으로 추산된다고 합니다. 20가구 가운데 한 가구는 누군가가 집에서 아픈 가족을 돌본다는 이야기입니다. 지금 이 순간에도 그런 가정에서는 가족의 대소변을 받아내고, 밥을 떠먹이고, 욕창을 막으려 체위를 바꾸는 중노동이 일상처럼 반복됩니다. 또 일부는 "죽어서라도 모든 걸 끝내고 싶다"라는 생각을 떠올립니다.

　'간병살인, 154인의 고백'이라는 기획은 2018년도 한국기자협회 한국기자상, 관훈클럽 관훈언론상, 국제엠네스티 언론상 등 언론계의 굵직한 상들을 받았습니다. 하지만 상을 받는 것이 적절한지 자문해 봅니다. 기사가 나간 뒤에도 여전히 벼랑 끝에 선 간병 가족들의 극단적 선택은 이어지고 있습니다. 실제 2018년 1월부터 이 기획이 나가기 직전인 8월까지만 해도 10여 명이 간병을 해주던 가족에게 목숨을 잃거나 자살을 했습니다. 하지만 정부의 움직임은 무디기만 합니다. 이런 점에서 이 기획은 미완입니다. 못 다한 이야기들을 묶어 후속 기획을 이어나갈 것을 약속드립니다.

　오늘도 누군가는 전쟁을 치르고 있습니다. 자식이거나 부모여서, 선의로 때론 의무감으로 시작한 전쟁이지만 아군의 지원 따위는 기대할 수 없습니다. 이 전쟁은 누군가가 죽어야만 끝납니다. 한국 사회가 우군이 되어주지 않는다면 가족 간 살인이라는 비극적인 이야기는 뫼비우스의 띠처럼 계속 이어질 것입니다.

공은 모두 후배 기자(임주형, 이성원, 신융아, 이혜리)들에게 돌립니다. 그들이 흘린 땀과 눈물 덕에 간병살인 기록이 8편의 가슴 아픈 이야기로 정리될 수 있었습니다. 뜸이 들 때까지 묵묵히 믿고 기다려준 15년 전 캡 박찬구 편집국장께도 감사드립니다. 손이 늦은 후배는 캡이 주신 아이템을 결국 15년 만에 마감했습니다. 〈서울신문〉 편집국 선후배들과 고광헌 사장에게도 거듭 감사 인사를 보냅니다. 마지막으로 안타깝게 생을 마감한 간병살인 희생자 213명의 명복을 빕니다.

〈서울신문〉 탐사기획부장

유영규

차례

1장

老-老 간병의 고통

'노-노 간병'의 그림자는 짙었다. 이를 증명하듯 간병살인도 해를 거듭할수록 증가했다. 2006~2010년 사이에는 10건 안팎이었지만 2011년 12건을 기록한 이후 꾸준히 10건 이상을 유지했다. 2013년과 2015년에는 최대 21건까지 발생했다. 물론 이는 집계 가능한 최소치다. 판결문과 자살자에 대한 정보 접근은 제한돼 있고 정부는 간병살인(자살 포함)에 대한 공식 집계를 하고 있지 않다. 전문가들은 드러나지 않은 간병살인 건수가 훨씬 많을 것으로 추정한다.

2005년 이미 초고령사회에 진입한 일본은 '간병 스트레스'에 따른 범죄를 별도로 분류하고 있다. 2007~2014년까지 8년간 간병 스트레스에 따른 살인사건(미수 포함)은 371건에 이른다. 연평균 46건이며 매주 한 건꼴로 간병살인이 발생한 셈이다. 문제는 일본이 한국의 가까운 미래라는 점이다. 한국은 2017년 고령사회(인구의 14% 이상이 65세 이상 노인)에 진입했고, 2026년에는 초고령사회(인구의 20% 이상이 65세 이상 노인)가 된다. 그러나 간병살인에 대한 통계조차 마련돼 있지 않은 상황에서 고민의 흔적이 담긴 대책이 있을 리 만무하다. 평범하고 소심한 간병 가족들이 벼랑 끝으로 내몰릴 수밖에 없는 이유다.

나와 54년 함께한 임자, 미안해…

"어, 어머니가 돌아가셨어요. 아버지가 그런 것 같아요…"

2016년 9월, 경기도의 한 경찰서에 중년 남성이 흐느끼는 목소리로 신고했다. 출동한 형사들은 안방 침대에 반듯하게 누워 있는 이일자(86세) 씨를 발견했다. 이미 숨을 거둔 이씨 목에는 삭흔索痕(목 졸린 흔적)이 선명하게 남아 있었다. 이씨의 남편 정수천(89세) 씨는 다른 방에 우두커니 앉아 있었다. 곁에는 텅 빈 수면제 통이 나뒹굴었다.

"평소처럼 아침에 인사를 드리러 부모님 방에 갔더니 어머니가 눈을 뜨지 않는 거예요. 급히 아버지한테 말했더니 '내가 그랬다'고 하셨어요."

정씨와 함께 사는 아들 정이준(54세) 씨가 울먹이며 상황을 설명했다. 형사들이 정씨에게 이것저것 물었지만, 대화가 통하지 않았다. 수면제 30알을 한꺼번에 삼켜 온전한 정신이 아닌 탓이다. 수갑을 채

우는 것조차 무의미했다. 형사들이 양쪽에서 부축해 경찰서로 데려가는 동안 노인은 다짐하듯 나지막이 읊조렸다.

"임자, 잘됐어…. 이제 나도 죽어야겠어."

정씨는 자신이 54년 해로한 아내를 살해했다고 담담하게 인정했다. 다른 말은 없었다. 후회한다거나 선처해달라는 말조차. 다만 조사 내내 노인의 눈가가 촉촉이 젖어 있었다고 담당 형사는 회상했다. 아들은 "도대체 왜 그랬냐"며 울부짖었고, 따로 사는 딸은 달려와 사정을 설명하며 "잘 좀 봐달라"고 읍소했다.

정씨 아내는 3년 전부터 치매와 퇴행성 척추질환을 앓아 거의 누워 지냈다. 정씨도 천식과 폐기종(폐 안에 큰 공기주머니가 생기는 질병)을 앓았는데 상태가 심해져 하루가 다르게 아내를 돌보기 어려워졌다.

"살날이 얼마 안 남은 걸 느꼈어. 내가 먼저 죽으면 아내는 아픈 아들 내외에게 큰 짐이 될 수밖에 없잖아. 그래서 아내와 내가 함께 가려고 했어."

정씨는 황해도가 고향이다. 영화 〈국제시장〉의 주인공 덕수처럼 격변의 시대에 파란만장한 삶을 살았다. 한국전쟁 당시 서울에서 공부하다 1·4후퇴 때 남하하지 못하고 북한군에 강제로 징용되었고, 이후 국군에게 붙잡히자 북송을 거부하고 반공포로로 석방돼 남한에 남았다. 부모는 물론 친척도 북한에 있었다. 가진 거라곤 몸뚱이 하나였다.

이후 서울의 한 대학병원 원무과에 취직했지만 서른이 넘도록 반려자를 찾지 못했다. 지인이 아내를 만나보라며 중매를 섰다. 평양 출신인 아내는 정씨와 잘 통했다. 청각장애가 있었지만 다정다감했다. 정씨는 1962년 마침내 가정을 꾸렸고, 딸 둘과 아들 하나를 차례로 낳았다. 결혼 뒤에는 처가와 함께 종로에서 그릇 장사를 하며 돈도 꽤 모았다.

인생 황혼기를 맞은 1986년 정씨는 귀농했다. 서울아시안게임이 열리던 해였다. 여행을 다니다 눈여겨봤던 서울 근교에 아담한 집을 지었다. 작은 텃밭을 일구고, 평소 길러보고 싶었던 페르시안 고양이도 키웠다. 아들이 서울서 하던 사업을 접고 들어와 함께 살면서 세 식구는 오순도순 여생을 즐겼다.

행복은 오래가지 못했다. 2001년 아들이 급성백혈병 진단을 받은 것이다. 청천벽력이었다. 의사는 2년 반밖에 살지 못할 것이라면서 낫는다는 보장은 없지만 한 알에 2만 4000원인 약을 하루 네 번씩 먹여 보라고 했다.

약값만 한 달에 300만 원. 이미 은퇴한 정씨에게는 큰 부담이었다. 아들도 대리운전과 관공서 기간제 근로자로 일하며 치료비를 보탰지만 가세는 빠르게 기울었다. 다행히 아들은 의사의 예상을 깨고 차츰 병을 극복했다. 2011년에는 필리핀 여성과 늦깎이 결혼을 해 정씨에게 손자도 안겼다.

하지만 함께 웃을 수 있는 시간은 거기까지였다. 치매 증세가 있던 아내가 넘어지면서 허리를 다쳐 하반신이 마비된 것이다. 2014년 일이었다. 정씨는 종일 아내 간병에 매달렸고, 치료비 마련을 위해 다시 일해야 했다. 쓰레기를 줍는 공공근로는 여든이 넘은 정씨가 할 수 있는 유일한 일거리였다. 텃밭을 담보로 빌린 빚은 점점 불어나 1억 원을 넘겼다.

몸을 움직이지 못하자 아내의 증세는 점점 악화됐다. 종일 누워만 있는 게 지겨운지 집 곳곳을 기어 다니며 대소변을 흘렸다. 밤에는 잠을 자지 않고 아들 내외의 방문 앞에서 알 수 없는 괴성을 질렀다. 하는 수 없이 요양원에 입소시켰지만, 석 달 만에 다시 집으로 데려왔다. 피골이 맞닿을 정도로 체중이 급격히 빠졌기 때문이다. 종종 병문안을 가면 "날 버리지 말라"고 애원하며 붙잡았다. 집에 온 아내는 상반신까지 마비 증세가 번져 왼팔을 제외하고는 거의 움직일 수 없었다.

정씨는 불면증을 앓았다. 처방받은 수면제를 몇 알씩 삼켜도 도통 잠을 잘 수 없었고, 지병인 천식이 악화하면서 건강은 급격히 나빠졌다. 끝없는 악몽이 반복된 2년은 마치 20년 같았다. 자신보다 며느리가 아내 간병을 하는 날이 늘어났다. 뒤늦게 얻은 아이의 재롱을 보며 즐거워하는 아들 내외에게 미안했다.

아들 내외가 곤히 잠든 새벽 5시. 정씨는 수면제를 한 주먹 가득 움켜쥔 뒤 꿀꺽꿀꺽 삼키고서 아내에게 다가갔다. 그러고는 넥타이를 목에 감고 떨리는 손으로 잡아당겼다.

'임자, 미안해…. 조금만 참으면 아프지 않을 거야. 이제 아이들한테 짐 되지 말고 저승 가서 같이 마음 편히 지내자.'

경찰과 검찰은 정씨를 불구속 상태에서 조사하고 재판에 넘겼다. 걷는 것조차 힘겨워하는 정씨를 구속하면 위험하다고 판단한 것이다.

대신 딸이 책임지고 정씨를 재판에 출석시키겠다고 약속했다.

"정씨는 아내의 소중한 생명을 빼앗았고 자녀들에게도 큰 충격을 줬다. 그러나 얼마 전까지 병원비를 버는 등 가족 중 누구보다 아내를 위해 애써왔다. 정씨도 큰 고통을 겪고 여생 동안 큰 죄책감과 회한을 안고 살 것으로 보인다. 아내와 평생 사이좋게 살아온 점, 지금껏 죄 없이 선량하게 살아온 점 등을 종합하면 실형 선고는 가혹하다."

재판부도 정씨를 수감하는 건 무리라고 보고 징역 3년에 집행유예 4년을 선고했다.

"기자요? 기자가 이런 곳에 무슨 일로⋯."

필자들이 정씨 집을 찾은 것은 사건이 발생한 지 1년 9개월쯤 지난 2018년 6월이었다. '간병살인'을 탐사보도 주제로 결정하고 가장 먼저 찾은 당사자였다. 아들 정이준 씨를 먼저 만날 수 있었는데, 처음에는 경계하는 얼굴이었다.

필자들이 정씨 사연을 알게 된 건 판결문을 열람하고서였다. 대한민국 헌법 제109조 "재판의 심리와 판결은 공개한다"는 조항에 따라 특별한 사정이 없는 판결문은 모두에게 공개된다.

범죄 사실

피고인은 피해자와 1962년 ○월 ○○일경 혼인한 부부다. 피해자는 오래전부터 치매와 척추 협착증을 앓다가 약 3년 전부터 거동하지 못하고 의식 없이 누워 지내고 있었고, 피해자의 아들은 급성백혈병을 앓으면서 피고인과 함께 피해자를 간병해왔다.

피고인은 2016년 9월 ○일 ○○시경 경기도 ○○ 피고인의 집 안방에서, 경제적 형편으로 요양원에서 퇴원시킨 피해자의 병수발이 점점 힘들어지고, 피고인도 오랫동안 앓아온 천식과 폐기종으로 약 3개월 전부터 건강이 급격히 나빠지자 피고인이 먼저 죽고 피해자가 남게 되면 아들 부부에게 부담이 될 것을 우려하여 피해자를 살해하고 자신도 목숨을 끊기로 마음먹었다. 이에 피고인은 수면장애 등을 이유로 처방받은 진정제인 ○○○ 0.25mg 30정을 한꺼번에 먹은 다음, 피해자를 목 졸림으로 인한 질식으로 사망에 이르게 하였다(구체적인 범행 과정은 모방 범죄를 막기 위해 생략). 이로써 피고인은 피해자를 살해하였다.

총 A4용지 네 장으로 구성된 정씨 판결문에서 그의 사연이 담긴 부분은 범죄 사실을 기재한 반 페이지에 불과했다. 하지만 무미건조한 판결문 속에서도 '노-노 간병'의 벼랑 끝에 몰렸던 정씨의 절망감이 느껴졌다. 꼭 직접 만나 이야기를 들어봐야겠다고 생각한 이유다.

단층 주택으로 지어진 정씨의 집은 비극의 현장이었다고는 생각할 수 없을 정도로 평온하고 고요했다. 마당의 작은 텃밭은 잘 가꿔져 있었고, 고양이 한 마리가 어슬렁거리며 돌아다녔다. 문패에 정씨와 아들 이름이 적혀 있어 여전히 이 집에 살고 있다는 걸 알 수 있었다. 하지만 아무리 문을 두드려도 답이 없었다. 문을 당겨보니 잠겨 있지 않고 스윽 열렸다. 그러나 정씨 허락이 없는 상태에서 들어갈 수는 없었다.

일단 돌아갈까 하고 망설이던 순간, 갑자기 승합차 한 대가 다가오더니 백발이 성성한 중년 남성이 내렸다. 아들 정이준 씨였다. 인근 소방서에서 의용소방대로 일하는 정이준 씨는 점심시간을 이용해 놓고 온 물건을 찾으러 집에 들른 참이었다.

기자라는 말에 그는 잠시 망설였지만 "일단 들어오세요"라며 집 안으로 우리를 안내했다. 집으로 들어가자 현관 오른쪽 방에 산소호흡기를 낀 채 누워 있는 한 노인이 보였다. 정씨였다. 정씨는 문 두드리는 소리에 답도 못할 만큼 건강이 좋지 않았다.

"보시다시피, 아버지가 이런 상태예요. 직접 말 나누기는 어려울 것 같고, 저 퇴근한 뒤인 저녁에 다시 오세요. 저랑 이야기하죠."

오후 6시쯤 다시 찾아가자 이준 씨는 "그래, 뭘 묻고 싶으세요?"라며 말문을 열었다. 그는 자신이 죄를 지은 것처럼 바닥만 내려다보며 하나둘 아픈 기억을 끄집어냈다. 어머니의 치매 상태나 간병 과정을 전혀 과장하지 않고 담담하게 한 시간가량 이야기해주었다.

"그날 이후 아버지랑 말을 나눈 적이 없어요. 어머니 기일 때도 마찬가지예요. 생각해보면 자식인 제가 죄인입니다."

이준 씨는 숨을 거둔 어머니를 처음 발견한 순간을 회상하다 갑자기 왈칵 눈물을 쏟았다. 그때를 생각하면 지금도 아버지를 용서하기가 쉽지 않다고 했다. 그러나 가끔은 왜 아버지가 그런 극단적인 선택을 할 수밖에 없었는지 어렴풋이 알 것도 같다고 말했다. 그는 최근 아내와 아이를 친정인 필리핀으로 보내고 정씨와 단둘이 살고 있다.

"몇 푼 되지 않지만, 박박 긁어모아 아내에게 생활비를 보내고 있어요. 그럼, 아이는 지금 집보다 훨씬 좋은 환경에서 자랄 수 있겠죠. 같이 살 수 없는 건 마음 아프지만 필리핀에서 크는 게 아이를 위한 길이에요. 자식을 생각하는 부모의 마음은 다 같겠죠? 아버지도… 그런 마음이었겠죠."

정씨는 지금 아내가 떠난 방에서 산소호흡기에 의존해 살고 있다. 폐렴이 악화되어서다.

"많이 외로우실 거예요. 며느리나 손자도 없고 제가 일 나가면 줄곧 혼자 계시거든요. 오후에 4시간 정도 들르는 요양보호사가 아버지가 만나는 세상사람 전부입니다. 병환을 털고 일어나신다면 마을회관에서 어르신들과 이야기 나눌 자리라도 마련해볼까 해요."

이날 정씨는 계속 산소호흡기를 끼고 있어 직접 이야기를 나눌 수 없었다. 하지만 한 달쯤 지난 뒤 다시 찾아갔을 때는 상태가 많이 호전돼 잠시 대화가 가능했다. 키 160센티미터에 몸무게는 40킬로그램 정도 될까. 뼈만 남았다고 할 만큼 앙상한 정씨 눈에서는 쓸쓸하면서도 뭔가 하고 싶은 말이 있다는 게 느껴졌다. 정씨는 나지막이 읊조렸다.

"내가 하지 않으면 누가 했겠어. 잘 갔지 뭐…. 나도 빨리 죽어야지, 늙으면 죽어야지."

필자들은 한 달쯤 뒤 한 번 더 정씨 집을 찾았다. 사진 촬영을 부탁하기 위해서였다. 치매에 걸린 아내를 살해한 남편과 그렇게 어머니를 잃은 아들에게 카메라 앞에 서 달라고 말하는 건 쉽지 않았다. 그럼에도 몹쓸 부탁을 했다. 암담한 '노-노 간병'의 현실을 가감 없이 전

달하기 위해서는 그들 모습이 직접 담긴 사진 한 장이 꼭 필요하다고 생각했기 때문이다. 이준 씨는 몇 번을 망설이다 촬영에 응했다. 그러고는 "아버지, 저랑 사진 한 장 찍어요"라며 정씨를 부축한 뒤 침대에 눕혔다. 이준 씨는 평상시처럼 정씨 다리를 주물렀고, 취재진은 두 사람 얼굴이 나오지 않게 뒤에서 그 모습을 촬영했다. 필자들은 정씨 사건 담당 형사도 한 차례 만났다.

"정씨에게 왜 그랬냐고 물어보니 '힘들어서, 간병을 할 수 없어서…'라고 답하더라고요. '자식과 할머니를 위해서였어. 잘 됐어…. 나도 이제 죽어야지'라고 했어요. 일단 정씨를 긴급체포했는데, 혼자 걷는 것도 힘들 정도로 건강이 좋지 않았습니다. 살인사건이지만 구속하면 몸이 버티지 못할 것 같아 불구속 상태에서 수사를 진행했어요."

2년 가까이 지난 일이었지만 형사는 당시 상황을 자세히 기억하고 있었다.

"숱한 강력사건을 접하는 저도 이런 사건은 안타까워요. 절망에 빠진 정씨 입장도 이해가 갑니다. 다만 극단적인 선택을 하기 전에 따로 살던 딸이나 이웃에게 처했던 상황을 솔직하게 이야기하고 도움을 구했으면 어땠을까 하는 생각도 들어요."

간병은 전쟁이다, 죽어야 끝나는

#피해자_평균_나이_64.2세, #간병기간_6년_5개월, #부부간_살해, #다툼에_따른_우발적_범행, #10명_중_6명_독박간병, #10명_중_4명_목조름

지난 10여 년간 국내에서 발생한 간병살인 사건의 핵심 키워드를 정리한 것이다. 피해자 대부분이 노인이었고, 가해자와는 한때 100년 해로를 약속한 사이였다. 병마와 싸우기를 6년 5개월, 자식들의 도움 없이 서로에게 의지하다 한순간 절망과 분노를 견디지 못해 남편은 아내 목을 졸랐다. 키워드를 따라가다 보면 '노-노 간병'으로 귀결된다.

필자들은 2006년부터 2018년 8월까지 발생한 간병살인 사건 판결문 108건을 입수해 분석했다. 악순환을 막기 위해 개별 사건의 특수성보다 공통적으로 나타나는 보편성에 주목하고 싶었다. 죽음의 순간은 사건 피해자 모두 제각각이었지만, 죽음에 이르기까지 공통분 모는 분명히 존재했다. 그동안 국내에서 언론 보도 내용을 자세히 살 피거나 일부 판결문을 분석한 사례는 종종 있었지만, 대규모 심층분 석은 이번이 처음이다.

아들과 남편의 범행이 압도적

간병살인에도 힘의 논리는 또렷하게 나타났다. 가해자는 가족 중 남성인 경우가 80건(74.1%)으로 압도적으로 많았다. 아들이 37건 (35.2%)으로 비중이 가장 높았고, 남편이 25건(23.1%)으로 뒤를 이었다. 아내와 딸은 각각 14.8%, 2.8%에 그쳤다. 피해자 역시 힘이 약한 순이 었다. 아내가 25건(23.1%), 어머니가 22건(20.4%), 아버지가 19건(17.6%), 남편이 16건(14.8%)이었다. 가해자 평균 나이는 56.9세인 반면, 피해자 평균 나이는 64.2세로 더 고령이었다.

피해자들이 앓은 질병 가운데 노인성질환 비중이 높았다. 치매 가 58건(53.7%), 뇌혈관질환이 16건(14.8%)이었고, 그다음으로 교통사 고 후유증이 7건(6.5%), 지체장애가 6건(5.6%)이었다. 피해자의 일상생 활 가능 여부를 알아봤더니, 간병인의 도움이 필요한 경우(대소변 못 가림)가 46.3%나 되었고, 전적인 보호가 필요한 경우(식물인간 수준)는 14.8%였다. 스스로 일상생활이 가능한 건은 38%였다.

가해자 35.2%도 우울증 외에 다른 질병을 앓고 있었다. 뇌혈관

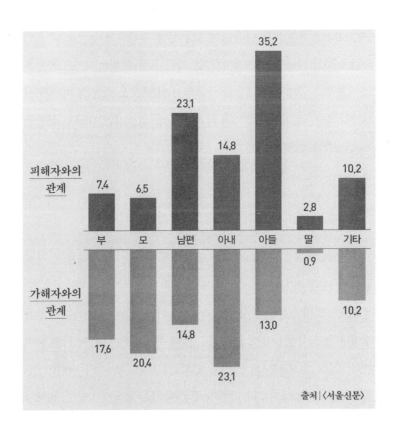

출처 | 〈서울신문〉

질환이 7건(17.9%), 치매가 5건(12.8%), 노환이 5건(12.8%)이었다. 특히 가족 내에 혼자서 환자를 돌봐야 하는 '독박간병'은 64건(59.3%)이나 됐다.

'3년 미만' 간병인 범행이 최다

범행에 이르는 데 걸린 평균 간병 기간은 6년 5개월이었다. 비중만 보면 3년 미만이 36건(33.3%)으로 가장 높았다. 간병 기간이 짧다고 환자를 돌보기 수월하거나 간병 스트레스가 가벼운 것은 아닌 셈이다. 환자를 간호한 지 한 달 만에 살해한 경우도 6건(5.6%)이나 되었다. 오롯이 간병 문제라기보다는 평소 다양한 이유로 불만이 쌓이다가 간병 스트레스가 뇌관이 돼 폭발한 경우가 빈번한 것이다. 범행 수법으로는 목조름 방식이 41건(38.0%)으로 가장 많았다.

문양미(55세) 씨는 2012년 6월 24일 뇌출혈로 쓰러진 남편을 돌보다 그다음 달 10일 목 졸라 살해했다. 그 배경에는 남편의 무책임이 있었다. 남편은 가정을 돌보지 않고 20여 년 전 집을 나갔다가 뇌출혈로 쓰러져서야 집으로 돌아왔다. 치매까지 걸려 대소변을 가리지 못하고 집안을 난장판으로 만들어놓자 결국 남편을 살해하고야 만 것이다.

물론 간병 기간이 길어졌을 때 간병살인 가능성이 커지는 건 자연스러운 이치다. 가해자의 범행 결심 배경에 '장기간 간병에 따른 낙담'이 41건(38.0%)이나 되었다. 경제적 어려움을 호소하는 이들도 많았다. 간병살인 52건(48.1%)에서 가해자들은 경제적 어려움을 호소했다.

국선변호인을 선임한 사례도 61건(56.5%)이나 되었다. 통상 형사사건의 경우 국선변호인 선임 비율은 30% 남짓이다. 이에 비하면 국선변호인 선임 비율이 20% 포인트 이상 높은 셈이다. 한국 법원은 피고인이 구속되거나 70세 이상이면서 변호사를 선임하지 못하면 직권으로 국선변호인을 선정하고 있다. 변호사를 선임할 돈이 없을 때에도 피고인의 청구에 따라 국선변호인을 선임할 수 있다.

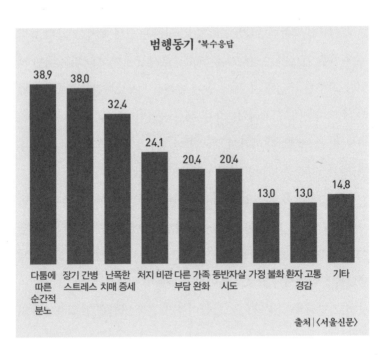

범행동기 *복수응답

항목	수치
다툼에 따른 순간적 분노	38.9
장기 간병 스트레스	38.0
난폭한 치매 증세	32.4
처지 비관	24.1
다른 가족 부담 완화	20.4
동반자살 시도	20.4
가정 불화	13.0
환자 고통 경감	13.0
기타	14.8

출처 | 〈서울신문〉

우발적 살인 배경에는
간병 폭력이

　범행 결심 사유 가운데 '다툼에 따른 순간적 분노'가 42건(38.9%)으로 가장 많았다는 것도 눈에 띈다. 돌봄이 필요한 환자와 다툴 일이 얼마나 있겠느냐고 치부하는 건 간병을 경험해보지 못한 사람들의 편견이다. 식사와 약을 거부한다는 이유로, 대소변을 벽에 묻혔다는 이유로, 섭섭한 말을 했다는 이유로 간병 현장은 매일 전쟁터다. 가해자만 피해자를 폭행(26건, 24.1%)한다고 생각하면 오산이다. 피해자가 가해자를 폭행(36건, 33.3%)하는 경우가 더 잦다. 특히 치매에 걸리면 평상시 없던 폭력성이 나타나기도 한다. 범행 결심의 주요 이유 가운데 '폭력, 가출 같은 다양한 치매 증상에 지쳐서'(35건, 32.4%)도 큰 비중을 차지한다. 폭언을 퍼붓는 건 예사고, 의처증과 의부증 증세도 발현되며, 거울에 비친 자신을 공격하기도 한다. 치매 환자가 사는 집에서 거울을 찾아보기 어려운 이유다.

박상길(53세) 씨는 2013년 2월 어머니(87세)의 머리 부위를 마구 폭행해 살해했다. 지인들과 술을 마시고 집에 왔는데 어머니가 "천엽을 사왔으니 함께 먹자"며 걸레를 들이댄 것이다. 누차 말렸지만 소용 없었다. 결국 그간의 스트레스가 일순간에 터져 나왔고, 혼자서 어머니를 돌보며 사는 것에 대한 회의감이 폭발했다. 박씨는 일 년간 성실히 어머니를 부양했지만, 결국 사소한 실랑이 때문에 천륜을 저버린 범죄를 저지르고 말았다.

간병인 45%는 우울감 호소, 궁지에 몰린 간병인

이 밖에 범행 배경으로 '처지 비관'이 26건(24.1%), '자살하기에 앞서 환자부터 살해' '다른 가족에게 부담을 주고 싶지 않아서'가 각각 22건(20.4%)으로 뒤를 이었다. 대부분 환자를 돌보다 자포자기한 경우다. 판결문에서도 이를 엿볼 수 있는 흔적은 곳곳에 있다. 피고인이 우울감을 호소(41.7%)하거나 수면 부족을 호소(15.7%)하기도 했다. 치매 환자를 돌보다 보면 수면 부족에 시달리는 경우가 많다.

아내와 56년간 원만한 결혼생활을 유지한 한상호(82세) 씨는 2013년 8월 서울 강서구 자신의 집에서 아내를 목 졸라 살해했다. 10여 년 전부터 치매와 고혈압으로 거동이 불편한 아내를 홀로 돌봤던 그다. 범행 2~3년 전부터 우울증과 불면증에 시달렸는데, 어느 날 미래가 보이지 않아 범행을 결심했다고 한다. 그는 아내를 살해한 뒤 수면제를 먹고 자살을 기도했다.

살인죄 평균 형량의
절반인 간병살인

가족을 살해한 죄로 받는 평균 형량은 5년 5개월(집행유예 제외)로 집계됐다. 2009년 7월 양형기준이 시행된 이후 살인죄의 평균 형량이 약 12.1년이라는 것을 고려하면 절반가량 낮은 셈이다. '5년 이상'이 35.2%로 가장 많았고, '집행유예'가 34.2%, '3년 이상 5년 미만'이 24.1%, '3년 미만'이 6.5%에 그쳤다. 존속살인 등에는 가중치가 적용되지만 법원에서 가해자의 상황을 참작했기 때문이다.

감경 요소를 보면 피해자 유족의 처벌 불원이 49건(45.4%)으로 가장 많았고, 자수가 12건(11.1%), 심신미약이 9건(8.3%), 미필적 고의가 7건(6.5%), 피해자 유발이 6건(5.6%)으로 뒤를 이었다. 감경 요소가 적용되지 않은 사건은 45건(41.7%)이었다. 물론 가중 요소도 있었다. 범행에 취약한 피해자를 살해하거나(33건, 30.6%), 존속인 피해자를 살해한 경우(32건, 29.6%) 혹은 잔혹한 범행수법(5건, 4.6%)의 경우가 그렇다.

기록조차 없는 죽음들

"80대 노모, 정신질환 앓던 40대 딸을 끈으로 묶은 채 한강 투신"

"70대 노부부 차 안에서 손 꼭 잡은 채 자살, 암 투병 아내와 함께 떠나"

언론에 보도된 기사 제목들이다. 간병 과정에 환자나 가족 간병인이 자살하는 '간병자살'은 제대로 된 기록조차 남지 않는다. 설사피의자가 있다고 한들 사망한 탓에 통상 '공소권 없음'으로 마무리된다. 법적으로 유무죄를 따질 이유도 방법도 없는 까닭에 간병살인과달리 판결문도 남지 않는다. 남는 기록은 변사사건처리부 한 장이다.변사사건처리부 한 장에 정리된 한 인간의 죽음은 냉정하리만큼 간단명료하다. 시신을 발견한 일시와 장소, 변사종별(원인), 변사자 인적사항, 발견자, 사인, 사망 추정시간 등 단답형으로 정리된다. 한 인간이 죽음을 결심하기까지 겪은 수많은 고통과 고뇌는 그냥 '자살'이란 단어 속에 묻히는 것이다.

필자들은 그나마 2006년 이후 2018년 8월까지 10여 년간 언론이 기록한 간병자살 60건을 찾았다. 총 사망자 수는 111명. 이 가운데 17명은 동반자살자에 의해 목숨을 잃었다. 사실상 살인 피해자다. 89명은 함께 목숨을 끊었고, 5명은 환자를 남겨둔 채 돌보는 이들만 세상을 등진 경우다. 동반자살에 실패한 이들도 16명이다. 간병인이 환자를 헌신적으로 돌봤던 경우도 적지 않다.

간병자살은 주로 '부부 간병'(31건, 51.7%)에서 발생했다. 부부 평균 연령은 69.1세였는데, 대부분 '노-노 간병' 과정에서 죽음을 선택했다는 뜻이다. 이어 자식을 돌보던 부모(15건, 25%), 부모를 돌보던 자식(8건, 13.3%), 형제·자매(4건, 6.7%) 순이었다.

"너희 엄마가 처음 병이 났을 땐 삶을 마감하는 게 너무 이르다 싶어 몇 달 정도 지켜보다 결국 오늘까지 왔다. 너무 아파하고 나도 아파 같이 죽기로 했다. 자식들에게 부담을 주고 싶지 않구나. 미안하다."

2013년 11월 23일, 전남 목포시에서 노부부가 남긴 유서다. 극심한 허리 통증으로 디스크 수술을 받아 거동이 어려운 아내(69세)를 돌보던 남편(82세)은 한 달 만에 뇌졸중으로 쓰러져 하반신이 마비됐다. 노부부는 싸늘하게 식은 화덕과 함께 서로 나란히 누운 채 발견됐다. 식탁 위에는 부부의 영정사진과 흰 봉투에 담긴 유서가 단정하게 놓여 있었다. 이들은 김장김치를 전하려 집에 들른 사위에게 발견됐다.

노부부는 어려운 살림살이에도 5남매를 길러낸 뒤 본인들은 달동네 작은 주택에서 생활해왔다.

당시 사건을 담당한 경찰은 이 부부가 2011년 개봉작인 추창민 감독의 영화 〈그대를 사랑합니다〉를 따라한 것 같다고 전했다. 수많은 노년층의 감성을 울린 이 영화에는 극중 치매로 고통받는 아내를 성심껏 간병하던 남편이 자신이 떠나면 홀로 남을 아내를 걱정해 함께 목숨을 끊는 장면이 나온다.

이처럼 간병 과정에서 간병인마저 병에 걸려 몸이 아픈 사례도 16건(26.7%)에 달했다. 특히 자식들에게 부담을 주지 않으려는 부모의 절절한 마음이 유서에 담긴 경우가 많았다.

같은 해 5월 15일에는 치매 아내를 4년간 돌본 80대 노인이 아내를 태운 승용차를 저수지로 몰고 들어가 숨졌다. '요양원만큼은 절대 가고 싶지 않다'는 아내에 뜻에 따라 89세인 남편은 아내를 직접 돌봐왔다. 그 역시 사망 전 "미안하다. 이제 다시 못 본다고 생각하니 섭섭하다"라고 자식들에 대한 애틋한 마음을 유서로 남겼다. 그는 "내가 죽으면 아내가 요양원에 가야 한다. 너무 힘들다"며 간병의 고통을 전했다.

간병하던 부모가 자식과 삶을 정리한 경우는 지적장애·발달장애 같은 선천적 장애를 지닌 자녀를 간호한 경우가 대다수다. 부모 평균 나이는 48.2세, 자녀 평균 나이는 17.2세로 다른 간병자살에 비해 연령대가 확 낮아진다.

2015년 7월 6일, 경기도 의왕시 한 아파트 18층에서 30대 여성이 뇌병변장애를 앓던 7세 아들을 끌어안고 투신했다. 엄마는 아들을 고쳐보려고 매일같이 대형 병원을 돌고 또 돌았지만 차도가 없자 좌절하고 만다. 자신이 떠나면 중증장애를 안고 홀로 살아가야 할 아들이 걱정된 엄마는 결국 아들과 함께 극단적인 선택을 하기에 이른다.

2014년 3월 13일에는 30대 부부가 5살짜리 자폐증 아들과 함께 목숨을 끊었다. 이 부부 역시 발달장애 아이를 헌신적으로 돌봤지만, 나아지는 게 없자 괴로워한 것으로 알려졌다. 방 안에는 "발달장애를 앓고 있는 아들을 치료하는 과정이 너무 힘들다"라는 내용이 담긴 유서만 남겨져 있었다.

경제적 어려움이나 간병의 고통으로 인한 우울증이 자살의 기폭제가 되기도 했다. 간병인이 경제적 어려움에 몰려 극단적인 선택을 한 경우도 21건(35%)에 이른다. 2013년 4월 24일, 대구에서 쌍둥이 두 아들(7세)과 연탄불을 피워 사망한 오수형(43세) 씨는 사망 직전까지 뇌졸중인 아내를 돌봤다. 하지만 실직 상태에서 한 달에 100만 원이 넘는 아내 병원비를 도저히 감당할 수 없었다. 그는 아내를 병원에 홀로 남겨둔 채 두 아들과 생을 마감했다.

2014년 서울 송파구 반지하 셋방에서 세 모녀가 동반자살해 사회 곳곳에 추모 물결을 일으킨 '송파 세 모녀 사건'도 질병과 생활고가 기폭제가 됐다. 30대의 큰딸은 만성질환으로 거동을 못했다. 작은딸은 언니를 간병하느라 집에서 꼼짝할 수 없었고, 61세의 어머니가 식당에서 벌어오는 돈으로 겨우 끼니를 이어갔다. 그러다 어머니까지 팔을 다쳐 일을 못하게 되자 극단적 선택으로 치달은 것이다.

간병살인, 154인의 고백

간병인이 우울증에 걸린 경우도 12건(20%)에 달했다. 2014년 3월 2일, 경기도 동두천시 상패동의 한 아파트에서 주부 박지수(37세) 씨가 성장장애를 앓던 아들(4세)과 함께 아파트 15층에서 투신해 숨졌다. 박씨는 더디게 성장하는 아들을 돌보면서 주변에 우울감을 호소했고 "죽고 싶다"는 말을 자주 했다. 그는 5평 남짓한 원룸에서 재혼한 남편과 아들을 낳았는데, 일정한 수입이 없어 생활고를 겪었던 것으로 드러났다. 그의 주머니에서는 "미안하다"라고 적힌 밀린 세금 고지서가 나왔다.

오랜 기간 홀로 간병을 담당해야 하는 현실에 좌절하는 경우도 많았다. 간병인이 홀로 환자를 돌본 '독박간병'은 60건 중 41건(68.3%)이었다. 이들의 평균 간병 기간은 무려 7년 6개월이나 되었다.

언론이 기록한 간병자살 속 희생자들은 누구보다 가족을 위해 헌신한 경우가 많았다. 하지만 극한의 상황 속에서도 끝까지 아픈 가족을 위해 홀로 헌신해야 한다는 책임감이 그들을 집어삼켰다. 또 자신이 떠나면 홀로 남겨져 고통받을 환자, 나의 책임을 물려받을 자식들에 대한 염려와 공포가 극단적 선택으로 이들을 이끌었다.

주목할 것은 언론이 기록하지 못한 '숨어 있는 간병자살'이 훨씬 많을 것이라는 점이다. 두 배, 세 배 혹은 그 이상일지도 모른다. 정부기관이나 경찰서 어디에서도 기록을 찾을 수 없다는 점은 안타까움을 더한다. 결국 '간병' '질병' '자살' '동반자살' 같은 수십 개 키워드를 조합한 검색어를 통해 관련 기사를 찾아야 한다. 이 가운데 간병이 원인이 되어 자살을 택한 이들의 기록 단 60건만 추려낸 것이다.

생을 마감하는 순간에 남겨진 가족애는 보는 이들을 더 슬프게 한다. 2016년 3월 30일, 강원도 춘천시 중도동 강변의 승용차 안에서 발견된 70대 노부부는 두 손을 꼭 잡은 채 숨져 있었다. 장소는 강변에서도 특히 경치가 좋은 곳이었다. 이 부부는 사망 전 자녀들이 보낸 생활비를 다시 되돌려 보냈다. 한 80대 노모는 정신질환을 앓아온 40대 딸과 끈으로 몸을 묶은 채 한강에 투신했는데 꼭 껴안은 팔 모양 그대로 발견됐다. 식물인간 아들을 25년간 돌보다 집에 불을 질러 함께 목숨을 끊은 50대 아버지의 사건을 담당한 소방관들은 "시신이 한 구"라고 보고했다. 아버지와 아들이 꼭 껴안은 채 한 몸처럼 발견됐기 때문이다.

우리는 이제라도 이들의 죽음을 하나하나 기록해야 한다. 기록 속에서 심각성을 깨닫고, 간병자살을 방지할 대책을 이 사회가 진지하게 강구해야 한다.

간병살인, 154인의 고백

끝내지 못한 인터뷰
· · · ·
미처 담지 못한 취재 뒷이야기

2018년 6월 21일, 막 무더위가 시작될 무렵, 필자들은 서울 구로구 개봉역으로 향했다. 3년 전 전신마비인 아내의 목을 조르고 스스로 목숨을 끊으려다 실패한 한 노인을 인터뷰하기 위해서였다. 사건이 발생하고 3년이 지났기에 같은 장소에 그대로 살고 있을지 알 수 없었고, 대면한다 해도 무슨 말을 해야 할지, 인터뷰를 거절하면 어떻게 해야 할지 막막했기에 망설여졌다. 그렇게 그가 살고 있는 아파트 1층 공동현관 앞에서 주저하기를 수십여 분, 결국 '어떻게든 되겠지' 하는 심정으로 현관 호출 벨을 눌렀다.

"누구세요?"

"박철구 어르신 계신가요? 신문사에서 나왔습니다. 잠시 말씀 좀 듣고 싶습니다."

짤막한 대화가 끊기고 공동현관이 열렸다. 예상치 못한 전개에 얼떨떨했다. 문이 열렸으니 들어가긴 하지만, 진짜 인터뷰를 허락한 것인지 의문이었다. 어르신 집 앞에서 다시 한 번 초인종을 누르자 문이 열렸다. 재차 신분을 밝히려던 찰나 그는 한 마디를 건넸다.

"들어오슈."

박씨와 첫 만남은 그렇게 성사되었다. 수감생활 3년을 마친 그는 혼자였고 수척해 보였다. 박씨는 처음 필자들을 공무원으로 착각했다고 했다. 전날 구청 보건소에서 노인 우울증 상담을 받고 왔는데, 해당 직원이 상담 결과를 알려주고자 자신의 집에 들렀다고 생각한 것이다. 박씨는 필자들이 신문사 기자임을 알고서는 반신반의한 눈치였다. 간병의 어려움에 대한 이야기를 듣고 싶다고 왔는데, 왜 자신을 찾아왔는지, 자신의 과거에 대해 알고 있는지 확인하고 싶은 눈치였다. 결국 망설이던 그는 필자들에게 이렇게 물었다.

"다 알고 왔소?"

그렇다는 말에 순간 정적이 흘렀다. 남몰래 무덤까지 안고 갈 일을 들켜버린 듯 황망한 표정이었다. 시선은 떨렸고 이내 얼굴에는 어두움이 내려앉았다. 순식간에 일어난 변화였다. 그러고는 무턱대고 자신을 찾아온 필자들에게 적대감을 보였다. 어떻게 집 주소를 알아냈으며, 신문사가 왜 자신 같은 사람을 찾아다니는지 묻고 또 물었다.

처음부터 그가 쉽게 인터뷰에 응할 거라고는 생각지 않았다. 그래서 기획의도를 충분히 설명하고자 했다. 무작정 어르신 댁을 찾은 게 결례임을 알면서도 그럴 수밖에 없었다고, 또다른 간병살인의 비극을 막기 위해서는 어르신이 겪었던 어려움이 무엇이었는지 듣고 기록하는 작업이 필요하다고 말이다. 그렇게 불편할 수밖에 없는 대화가 오가기를 20여 분, 어색한 침묵이 이어지는 가운데 박씨가 먼저 말을 꺼냈다.

"시간 있어? 사는 얘기 해볼까."

그는 약 2시간에 걸쳐 인생사를 풀어냈다. 그러면서 회상에 젖어 웃음을 짓기도 했고, 때로는 당시 함께 살았던 단란한 가족에 대한 그리움을 내비치기도 했다. 그는 한국 근현대사를 오롯이 겪어낸 '아버지'였다. 가난했고, 가족밖에 몰랐고, 책임감이 강했다. 특히 자식들에게 피해를 주는 것에 강박증이 있었다. 종국에는 아내에게 발생한 비극을 자신의 비극으로 짊어지려 했다. 지금은 가족 외에 모든 인연을 끊고 죽은 듯 살고 있다는데, 어쩌면 사람이 그리웠던 것도 같았다.

그의 74년 인생사를 들었지만 한 장면만큼은 듣지 못했다. 바로 아내의 생을 그의 손으로 잘라냈을 때…. 왜 꼭 그래야만 했는지 그 이야기만큼은 들려주지 않았다. 어르신을 수사했던 경찰 이야기와 사건 판결문을 통해 간접적으로는 확인할 수 있었지만, 그것만으로는 부족했다. 그 얘기를 듣지 못하면 절반짜리 기사일 수밖에 없을 듯했다. 그래서 그 얘기를 듣기 위해 네 번을 더 찾아갔다.

박철구 어르신께.

안녕하세요, 〈서울신문〉 이성원, 신융아 기자입니다.

벌써 어르신을 찾아뵌 지 네 번째네요. 처음 뵈었을 때보다 해는 더 길어졌고, 더위도 기세등등해졌습니다. 수십 년 만의 폭염이라는데,

건강 상하신 건 아닌지 염려됩니다.

무엇보다 죄송하다는 말씀 드립니다. 당연히 떠올리기 힘든 기억이며 어쩌면 영영 잊고 싶은 순간이었을 텐데 자꾸 캐묻는 것 같아 송구할 따름입니다.

저희가 가족 간병에 대해 취재한 지 어느새 두 달 가까이 흘렀습니다. 그동안 가족 간병의 어려움으로 극단적 선택을 한 17분을 만나뵈었 습니다. 그분들께 직접 가족 간병의 힘듦을 듣기도 했고, 주변 가족이 나 지인을 통해 듣기도 했습니다. 취재하면서 느낀 것은 당사자가 되 어보지 않으면, 한 가족이 무너지는 순간을, 그때의 절망을, 희망이 보 이지 않는 상황을 상상조차 할 수 없다는 점이었습니다. 그렇기에 저 희는 더 많은 분께 말씀을 들으려 노력했습니다.

저희는 이 기사를 통해 바라는 게 있습니다. 더는 가족 간병의 어려움 으로 극단적 선택을 하는 분이 없었으면 하는 것입니다. 그러려면 괴 롭겠지만, 저희도, 유족들도 더 정확하게 묻고 답하는 과정이 필요합 니다. 어떤 부분들이 어려운지 보도가 되어야 대비책을 세울 수 있으 니까요. 만나는 분들 모두 절망의 지점이 달랐기에 최대한 많이 만나 려 하고 있습니다. 과정은 힘들지만 결과물은 반드시 사회적으로 의 미 있을 것으로 생각합니다.

저희는 8월 중순쯤 취재한 내용을 보도할 계획입니다. 그 전에 단 5 분 만이라도 말씀을 듣고 싶습니다.

어려우시겠지만 용기 내어주시면 감사하겠습니다.

간병살인, 154인의 고백

이 편지를 쓴 건 2018년 7월 30일이다. 어르신이 만나주지 않아 전할 수 없는 이야기를 편지 형식을 빌려서라도 전하고 싶었다. 물론 이 편지 역시 그의 얼굴을 보고 직접 전해주진 못했다. 그저 그의 집 앞에 놓아두고 왔을 뿐이다. 그가 이 편지를 읽었으리라 확신할 수 없다. 필자들이 할 수 있는 일은 기다리는 일뿐이었다. 더 만나 달라고 보챌 수는 없었다.

결국, 어르신의 인터뷰는 신문 연재에 싣지 못했다. 연재가 시작되기 직전 마지막으로 한 번 더 찾아갔지만, 끝내 어르신은 거부했다. 무더위가 한풀 꺾이듯 어르신의 마음도 수그러들었으면 했지만 욕심이었다. 아직 마음의 준비가 되지 않아 보였다. 다음은 끝내 마침표를 찍지 못했던 미완의 인터뷰를 정리한 것이다.

어쩌다 아내를 떠올리는 일이 세상에서 가장 아픈 일이 됐을까. 46년간 함께 살아온 아내와 이 세상을 등지려 결심한 건 그 사건 발생하기 1년 2개월 전이다. 2013년 아내가 급성뇌동맥파열로 쓰러진 이후 그의 가슴속에는 자식들에게 부담을 주어서는 안 된다는 마음이 자리했다. 일평생 살아오면서 가족을 부양해야 한다는 책임감이 그를 짓눌렀는지도 모른다. 유서만 고쳐 쓴 게 세 번. 전신마비인 아내의 요양병원 퇴원이 늦어지면서 날짜를 세 번이나 고쳐야 했다. 유서에는 "우리를 화장해 할아버지 산소 앞에 묻어줘라. 제사는 명절에 두 번만 지내라. 나는 14개월간 준비했다. 어차피 한 번은 죽어야 한다"고 썼다. 죽음을 앞두고서도 그는 남은 식구의 편의를 생각할 정도로 고집스러웠다. 박철구(74세) 씨는 2015년 1월 아내를 먼저 저세상으로 보내고, 자신은 수면제와 농약 두 병을 마셨다. 그리고 큰아들에게 전화를 걸어 이렇게 전했다.

"이제 다 됐다, 다 끝났다."

박씨는 전형적인 한국 아버지였다. 무뚝뚝했지만 성실했고 가족밖에 몰랐다. 광복을 맞이한 1945년 충북 청주의 작은 시골 마을에서 6남매 중 장남으로 태어났다. 가난했기에 중학교까지만 다니고 가족을 위해 농사를 지었다. 그래도 마을에서는 또래 중 최고 학력이었다. 마을에는 전기가 들어오지 않았기에 초를 밝혀 어둠을 몰아내야 했다. 다들 그렇게 살았다.

성인이 되고서는 곧바로 군에 입대해 스물둘에 전역했다. 농사를 짓다가 서울로 올라가야겠다고 생각한 그는 무작정 짐을 싸 맨몸으로 상경했다. 아무 계획도 없이 올라온 탓에 길거리 전단을 보고 서울 광진구에 있는 가발공장에 취직했다. 여공만 500여 명이나 되는 큰 공장에서 시키는 일은 다 했다. 박씨는 공장 주임으로 일하면서 가발에 대해 속속들이 알게 됐다. 아내를 만난 것도 그 무렵이다. 청주에 살던 큰누이가 '예쁜 색시'가 있다며 만나보라고 권했다. 크게 따지고 할 것도 없었다. 누이의 뜻대로 결혼식을 올리고 아들과 딸을 하나씩 낳았다.

그러던 어느 날, 가난에서 벗어날 기회가 찾아왔다. 1972년 새롭게 옮긴 가발공장 사장이 "미국 시카고에 있는 지사에서 일해볼 생각이 없느냐"고 물었다. "명문대 나온 직원을 보냈지만, 일을 너무 못해 바꿔야 한다"는 것이었다. 월급을 10배로 늘려준다는 제안도 함께였다. 당시 월급이 2만 원이었으니 20만 원 정도 받는 셈이었다. 거절할 이유가 없어 작은아이가 생후 8개월일 때 혼자서 미국행 짐을 쌌다.

박씨는 그곳에서 5년간 머슴처럼 일했다. 집사이자 일꾼이었다. 미국 지사장의 6살짜리 아이의 유치원 등하교를 챙기는 것부터 창고 재고정리까지 모두 박씨 몫이었다. 잘 곳이 따로 없어 미국 지사에 야전 침대를 마련해 그곳에서 생활했다. 눈에 넣어도 아프지 않을 아내와 자식을 서울에 두고 왔으니 꿈에 나타나는 건 다반사였다. 큰 베개를 안고, 하루는 아내라 생각했고, 또 하루는 큰아들, 또 하루는 작은딸이라 여기며 억지로 잠을 청했다. 그렇게 그 시간을 버텼다. 월급을 받으면 서울에 있는 가족에게 쓸 만큼만 부쳐주고, 나머지는 모두 이자를 두둑이 쳐주는 미국 내 저축대부조합에 넣었다. 한국에 돌아올 때 3만 5000불, 한국 돈으로 약 1800만 원을 손에 쥐었다.

돌이켜 보면 행복한 나날이었다. 밑천을 마련해 돌아온 터라 생활도 여유로웠다. 서울 뚝섬 인근에 대지 53평짜리 건물을 비롯해 세 채나 매입했다. 따로 직업을 구하지는 않고 자산을 잘 유지해 생활비를 충당하면서 아이들을 가르쳤다. 아내가 옷 장사를 하다 실패하기도 했지만, 가세가 기울 정도는 아니었다. 박씨가 보수적으로 자산을 운용한 덕에 아들과 딸을 출가시켰음에도 아내와 함께 살 아파트 한 채와 먹고살 돈이 남았다.

그러나 불행은 예고 없이 찾아왔다. 2013년 10월 23일 새벽 6시, 늘 건강할 거라 생각했던 아내가 급성뇌동맥파열로 쓰러진 것이다. 곧

바로 대학병원으로 호송해 수술을 받았지만, 치매와 전신마비 증상은 피할 수 없었다. 아내의 나이 65세였다. 아직 살아갈 날이 너무 많이 남았다고 생각했다. 말도, 거동도 못하는 아내를 보면서 고생만 시켰다는 미안함과 회한도 밀려들었다. 더 큰 문제는 누가 아내를 돌보느냐였다. 박씨는 자식들에게 부담을 주고 싶지 않았다. 그래서였을까. 그즈음 박씨는 종로 5가에서 농약(제초제와 살충제)을 구입했다. 자신과 아내가 한날한시에 죽으면 장례도 편하게 치를 수 있을 것으로 생각한 것이다.

박씨도 많이 아팠다. 특히 군대에서 구타를 당해 다친 무릎 상태가 더 안 좋아졌다. 몸이 아프다 보니 마음도 약해졌다. 아내는 나아질 기미가 없어 보였다. 이곳저곳 요양병원을 전전했지만 희망은 없었다. 특히 박씨는 아내가 죽음을 앞두고 인간적인 삶을 살지 못하는 점이 안타까웠다. 시간이 흐를수록 자녀들이 아내 간병 문제로 힘들어하는 건 떨쳐낼 수 없는 부담이었다. 그나마 다행인 건 경제적으로 크게 어렵지 않다는 점이었다. 아내가 쓰러졌을 당시 들어간 첫 수술비만 950만 원이었지만, 다행히 며느리가 시어머니 앞으로 보험을 들어놔 병원비를 부담할 수 있었다. 그럼에도 긴 병에 장사 없듯, 늘어가는 요양병원 비용을 계속 부담할 수도 없는 노릇이었다.

박씨는 2015년 1월 19일, 가족들 몰래 아내를 퇴원시켰다. 그리고 사흘 뒤인 22일 낮 12시쯤 작은 방에 누워 있는 아내의 목을 졸라 먼저 하늘나라로 보냈다. 그러고는 자신도 수면제 16알을 소주에 섞어 먹은 뒤 사놓았던 제초제와 살충제를 마셨다.

아들의 신고로 119구급차에 실린 박씨는 치료를 거부했지만 결국 목숨은 건졌다. 박씨는 이틀 뒤 진행된 경찰 조사에서 범죄 사실을 인정했다. 아내를 살해한 이유에 대해 "아내 병수발을 하다 보니 더는 살아갈 이유가 없어졌고, 같이 죽으면 장례도 편할 것이라 생각했다"고 진술했다.

법원은 박씨에게 징역 3년을 선고했다. 재판부는 "우리 사회의 급격한 고령화로 치매로 인한 가정 내 문제가 커지고 있는 상황에서, 유사한 범죄의 재발을 방지할 필요가 있다는 측면에서도 피고에게 엄중한 책임을 묻지 않을 수 없다. 다만, 자식들에게 짐이 된다고 생각해 범행에 이르렀고, 잘못을 뉘우치며 회한의 시간을 보내고 있으며, 자녀도 선처를 바란다는 점"을 양형 이유로 들었다.

박씨는 출소 후 모든 관계를 끊고 고립된 생활을 하고 있다.

"이제 모든 걸 다 내려놓았어. 너무 큰 죄를 지어 혼자 끙끙 앓고 사는 거지 뭐. 하루하루 살다가 아내 곁으로 가고 싶어."

구청 보건소에서 운영하는 노인 우울증 상담을 받고 온 그는 필자들에게 이런 말을 남겼다.

"사람이 참 그래. 아내를 그렇게 보내고 난 뒤 살고 싶다는 생각이 전혀 들지 않았거든. 모든 세상을 등지고 혼자서 조용히 살다가 죽고 싶었어. 그런데 지금은 또 그래. 있잖아, 나 살고 싶어."

2장

끝없는 굴레, 다중간병

끝 모를 간병 터널 속에서 생활고까지 겪는 간병인들은 극단적인 길로 어쩔 수 없이 내몰리곤 한다. 잘 알려진 '송파 세 모녀 사건'이 대표적이다. '송파 세 모녀 사건'은 사회안전망의 한계를 여실히 드러낸 대표적 사건으로 한국 사회에 큰 경종을 울렸고, 결국 기초생활보장법이 개정되는 계기가 되었다. 그러나 알려지지 않은 제2, 제3의 '송파 세 모녀 사건'은 더 있을 것이다. 이번 장에서는 사회안전망의 사각지대에서 허덕이는 이들, 특히 다중간병으로 고통받는 이들의 이야기를 살펴보겠다.

10개월간 아내는 죽음을 부탁했습니다

9월 11일은 죽은 아내의 기일이다. 정현우(54세) 씨는 오늘도 악몽 같았던 그날로 시곗바늘을 돌려본다. 2015년 그날, 악몽 같던 그날 아내는 하루 종일 죽여달라고 매달렸고, 정씨는 차 안에 번개탄을 피워 자살을 도왔다. 시간을 되돌린다면 다른 선택을 했을까. 자신이 없다.

"이상하게 들릴 테지만 또 그럴 수밖에 없을 것 같다는 생각이 들어요. '간병의 굴레'에 제정신이 아니었어요."

유방암에 걸린 아내, 뇌졸중으로 쓰러진 어머니, 선천성 뇌병변에 걸린 딸… 정씨는 혼자 아픈 가족 3명을 돌봐야 하는 '다중간병인'이었다.

막내딸은 중학교 3학년이지만 몸은 초등학교 1~2학년 수준이다. 키 130센티미터에 몸무게가 30킬로그램이 채 되지 않는다. 셋째인 막내는 2004년 태어난 날부터 가혹한 시련을 겪었다. 유독 힘들었던 분만 과정을 이겨내고 첫 울음을 터뜨렸지만 아이는 장애를 안고 태어났다. 몸과 마음 모두 발달이 더뎠고, 복합장애 1급 판정을 받았다. 정씨에게는 눈에 넣어도 안 아픈 딸이다.

"이게 수술을 해서 펴진 거예요. 한 3년 됐죠. 그전에는 이렇게 발이 안으로 굽어 걷지도 못했어요. 지금은 보조기를 풀고 힘들지만 조금씩은 걸을 수 있어요. '슈퍼마켓에 가서 과자 사 먹자'고 꾀면서 걷기 연습을 시키죠."

물리치료부터 재활치료, 음악치료까지 지난 14년간 안 해본 게 없다. 눈이 오나 비가 오나 등하굣길에 아이를 업고 다녔다. 다행히 다리 수술이 성공하고서는 어느 정도 걸을 수 있게 돼 재활치료에 집중하고 있다. 요즘에는 매일같이 딸의 다리 근력을 길러주기 위해 수영장에 데려가 해가 지면 집에 돌아온다. 최근에는 딸이 아빠의 말에 반항하기도 한다. 물속에서 가만히 서 있기가 일쑤다. 부족한 다리 힘으로 물속에서 걷는 게 쉽지 않기 때문이다. 그래도 정씨는 어떻게든 어르고 달래 딸이 한 시간 이상 걷도록 시키고 있다.

정씨 어머니가 쓰러진 건 세월호 참사로 온 나라가 절망에 빠졌던 2014년 4월이었다. 뇌졸중이 당시 78세이던 어머니를 덮쳤다. 수술은 성공했지만 노모는 스스로 몸을 가누지 못했다. 요양시설에 보내자 어머니가 눈물로 매달렸다.

"현우야, 내가 다 알아서 할 테니 제발 집에만 데려다주라."

"어머니는 따뜻한 분이었어요. 아버지는 젊은 시절 술과 노름으로 가정을 내팽개치고 집까지 떠났는데 병이 들어서야 돌아왔죠. 어머니는 그런 아버지를 기꺼이 품었습니다. 아버지가 돌아가실 때까지 3년간 성심껏 간병했어요. 막내딸 간병만으로도 벅찼지만, 제게 유일한 버팀목이자 쉼터인 어머니를 외면할 수 없었어요."

정씨는 직장을 그만두고 어머니 집인 전북 부안으로 내려갔다. 막내딸은 아내에게 맡겼다. 수시로 가래를 뽑아내고, 대소변을 받아야 했다. 한 달 만에 수술비와 치료비 등으로 450만 원을 썼다. 어머니가 모아놓은 돈이 있었지만 곧 바닥을 드러냈다.

일을 해야 했다. 어머니를 다시 부안의 요양시설에 보내고 제주도의 한 건설 현장에 취직했다. 하지만 어머니는 시도 때도 없이 정씨에게 전화해 "어미가 아픈데 도대체 뭘 하고 돌아다니느냐"며 원망했다. 아픈 어머니는 점점 아이가 되어갔다. 결국 어머니를 제주도로 데려갔다. 정씨는 낮에는 일하고 저녁에는 어머니를 돌봤다.

아내에게 연락이 온 건 정씨가 어머니 간병으로 한창 힘들었던 2014년 11월 어느 새벽이었다.

"할 말 있어. 빨리 와줘."

목소리가 심상치 않았다. 사실 12년 전 이혼서류에 도장을 찍었기에 법적 부부는 아니다. 하지만 둘 다 재혼하지 않았고, 따로 살면서도 자녀들을 돌보며 관계를 유지했다. 정씨가 서둘러 경기도 집으로 돌아온 날, 아내는 유방암 3기 진단을 받았다고 털어났다.

"아내는 자존심도 독립심도 강한 여자였어요. 가정 형편이 좋지 않자 4년 내내 장학금을 놓치지 않으려 공부에 매달렸고, 결국 친정 도움 없이 대학을 졸업했죠. 한때 잘나가던 증권맨이었던 제가 직장을 그만두고 싶다고 하자 두말 않고 직접 돈을 벌었어요. 학원 강사부터 농사일까지 남편이 이리저리 일거리를 찾아다닐 때는 스스로 가장 역할을 도맡기도 했죠. 하지만 그런 아내도 암 앞에서는 나약해지더라고요."

아내는 치료를 거부하고 "그냥 죽어버리고 싶다"고 했다. 함께 찾아온 우울증이 더 문제였다. 남편의 설득 끝에 수술을 받았지만 극심한 고통에 시달렸다. 진통제를 털어넣어도 소용없었다. 다시 살림을 합친 뒤로는 정씨에게 끊임없이 짜증을 부렸다. 집에 먼지 한 톨만 있어도 화를 냈고, 두부를 가로로 자르면 세로로 잘라야 한다고 짜증을 부렸다.

"사람이 이렇게 아픈데 어떻게 도망을 가냐. 내가 언니나 동생만 있었어도 너 따위 안 불렀어…"

아내 간병과 투정에 지친 정씨가 잠시 집을 비우면 펑펑 울며 서운해 했다.

"번개탄이랑 삼발이, 쟁반, 햇빛 가리개 좀 준비해줘. 제발…"

마음의 병이 깊어진 아내는 "아프지 않게 죽을 수 있게 도와달라"고 떼를 썼다. 설득하고 다독여도 소용없었다. 죽기 적당한 자리를 찾겠다며 정씨에게 종일 운전을 시켰다. 이런 일이 10개월 넘게 반복됐다.

그날은 지옥 같았다. 아내 성화에 못 이겨 낮 1시쯤 차에 시동을 걸었다. 아내를 태우고 고속도로를 빙빙 돌며 입씨름을 시작했다. 매번 똑같은 레퍼토리다. "죽겠다"는 아내를 정씨가 "안 된다"고 말렸다.

아내를 달래려고 강원도까지 차를 몰았다. 하지만 이날은 정씨도 지칠 대로 지친 상태였다. 마침 요양시설에 있는 어머니는 고열에 시달렸다. 병원에서는 보호자가 와야 한다고 독촉했고, 오랜 시간 집에 혼자 둔 막내딸 걱정도 됐다. 9시간 동안 운전하며 아내를 설득하던 정씨는 결국 백기를 들었다. 자포자기하는 심정이었다.

비가 세차게 내렸다. 밤 10시 인적이 드문 시골길에 차를 멈춘 정씨는 햇빛 가리개로 앞유리를 가렸다. 독한 양주와 함께 수면제를 먹은 아내는 이미 깊은 잠에 빠져 있었다. 수십 번을 망설이다 결국 번개탄에 불을 붙였다. 모질게 마음먹고 차 밖으로 나왔다. 손이 떨리면서 발걸음이 떨어지지 않았다. 혹시나 하는 마음에 아내가 나올 수 있게 차 문을 잠그지 않았다. 도망치듯 길을 빠져나와 택시를 잡았다. '고통스럽진 않을까, 문을 열어뒀으니 빠져나오지 않았을까' 오만 생각이 다 들었다. 정씨는 퍼붓던 비처럼 술을 들이켰고, 그렇게 잠이 들었다.

아침에 일어나자 딸이 엄마를 찾았다. 정신이 번쩍 들었다. 정신 없이 차에 있을 아내를 향해 내달렸다. 그러나 아내는 숨져 있었고 정씨는 스스로 경찰에 신고했다.

"아내와 집을 나설 때까지만 해도 전혀 그럴 생각이 없었는데⋯. 그날 따라 비도 내리고 여러 가지로 복잡했어요. 날씨가 맑았더라면 달라졌을까요?"

탈상. 그렇게 3년이다. 가족은 조금씩 아픔을 치유하는 중이다. 약은 없다. 망각에 의지할 뿐이다. 정씨는 자살방조 혐의로 구속되었다가 법원에서 징역 1년 6개월에 집행유예 2년을 선고받고 풀려났다.

그간 정씨가 아내를 열심히 보살폈고, 자녀들이 선처를 호소한 게 정상 참작된 것이다. "내 죽음은 내가 선택한 거다. 죽더라도 남편에게 책임을 묻지 말아달라"고 적힌 아내의 쪽지도 마지막 배려가 됐다.

장례를 치르고 며칠 뒤 자녀들이 엄마의 휴대전화를 정리하다 유언이 녹음된 파일을 발견했다.

"엄마는 먼저 갈게. 너무 오래 슬퍼하지 마. 엄마 돈은 똑같이 각자 통장에 나눠 넣었어. 너희에게는 너희 인생이 있으니 즐겨."

가족은 다시 통곡했다.

필자들은 정씨 사건을 담당했던 형사를 찾았다. 그는 "처음에는 정씨가 자살을 방조한 것이 아니라 유도한 것이 아닌가 의심도 했다"고 말했다. 서류상 이혼한 상태였고, 경찰이 출동했을 때 사건 장소에 정씨가 있었기 때문이다. 그런데 사건을 따라갈수록 이런 의심은 사라졌다고 했다. 경찰 조사에서 사망한 아내의 지인들이 오히려 정씨의 입장을 대변했고, 모든 사실을 알게 된 세 자녀가 아버지에게 전혀 반감을 갖지 않았던 것이다.

형사는 "아픈 어머니에다 수술 뒤 통증이 심해진 아내 그리고 막내딸까지 돌보는 정씨가 너무 안쓰러웠다"면서도 "하지만 번개탄에 불을 붙인 행위는 적극적 방조다 보니 구속영장을 신청할 수밖에 없었다"고 이야기했다. 필자들에게 오히려 "지금은 상황이 좀 나아졌느냐"며 정씨의 안부를 묻기도 했다. 지금은 막내딸만 돌보고 있다는 말에 "계속 마음에 남는 사건이었는데, 정씨가 조금은 나아진 것 같아 정말 다행"이라고 형사는 말했다.

정씨와 필자들이 마지막으로 만난 건 2018년 8월 29일이다. 아들은 군대에 갔고, 큰딸은 학교로 떠나 막내딸만 집에 있었다. 그는 이제 아픈 딸만 보살피면 된다. 어머니는 그해 2월 작고했다. 그렇게 사랑했던 두 여자를 떠나보내고 그는 자신의 삶을 짓누르던 다중 간병의 짐을 벗었다.

정씨는 어머니와 아내를 추억할 수 있는 자료를 꺼내 보였다. 여러 차례 찾아간 덕에 필자들에게 마음을 연 듯했다.

"이건 어머니가 1983년에 상을 받으셨다는 기사를 코팅해둔 거예요. 젊으실 때 기독교여자청년연합회YWCA에서 했던 봉사활동으로 언론사에서 상을 받으셨어요. 어머니가 돌아가시고 나서 제가 만든 인터넷 블로그에도 올려두었죠."

정씨는 어머니가 돌아가시고 제대로 된 장례식을 치르지 못했다. 그럴 처지가 못 됐다. 그게 마음에 걸려 인터넷에 어머니를 추모하는 블로그를 열었다. 그리고 어머니 출생부터 사망 전까지 찍었던 사진 수십 장을 올렸다. 사진 밑에는 어머니에 대한 추억과 사랑을 담아 정씨가 쓴 글이 있다. 친척들과 어머니 지인들에게 인터넷 주소를 보내 함께 어머니를 추억하도록 했다.

"아직까지도 '아내가 떠나는 순간에는 고통에서 벗어나 편하게 갔을까' 하는 생각을 합니다. 어릴 적에 집에 화재가 난 적이 있어요. 그 화재로 동생을 잃었어요. 그 불이 얼마나 뜨겁고 고통스러웠겠어요. 아내도 잠들긴 했지만 본능적으로 고통스러웠을까요."

정씨는 담담하게 말했지만 여전히 아내가 마지막 순간에 아프진 않았을까 염려하는 듯했다. 통증으로 고통받던 아내가 마지막 순간에는 편히 갔기를 바라는 마음이 느껴졌다. 그는 방 한쪽에 보관해둔 아내의 영정사진을 꺼냈다.

"제 아내예요. 사진 찍는 걸 별로 좋아하지 않았어요. 제가 보여드린 걸 알면 하늘에서 싫어할지도 모르겠네요."

그의 이야기가 기사로 나간 뒤 그는 필자들에게 "고맙고, 수고 많으셨다"라는 문자메시지를 보내왔다. 댓글도 모두 읽었다고 했다. 자신처럼 힘겨운 간병생활을 감내하는 독자들의 댓글에는 일일이 답글을 남기기도 했다. 간병의 굴레에 갇혀 사회와 단절됐던 탓에 그에게는 서로 공감해주고 대화를 나눌 사람이 필요했던 것 같았다.

어머니와 아내를 떠나보냈지만 정씨는 여전히 딸을 간병하는 데 하루를 오롯이 다 쓰고 있다. 다중간병에서는 벗어났어도 여전히 그는 간병의 굴레 속에 홀로 서 있다. 훗날 자신이 떠나면 혼자 남겨질 딸을 많이 염려했다. 그래도 조금씩 나아지는 모습이 그에게는 유일한 희망이다. 그는 딸 걸음걸이를 비교해보기 위해 치료 과정을 영상으로 남긴다. 이날도 재활치료를 받으며 한 발 한 발 힘겹게 내딛는 딸 영상을 필자들에게 보여줬다.

간병에서 벗어나 자유시간이 생긴다면 무얼 하고 싶느냐고 필자들이 묻자 정씨는 "오락실 게임에 등장하는 로봇을 현실에서 구현해 움직이도록 프로그래밍을 하고 싶다"고 말했다. 정씨는 한양대 공대를 졸업한 꿈 많은 공학도였다. 하지만 간병의 늪 속에서 정현우라는 '존재'를 잃은 지 오래다.

"이제 막내딸 하나만 돌보면 되지만 사실 지금도 힘들어요. 내 시간이 전혀 없거든요. '너 막노동할래? 집에서 간병할래?' 물으면 나가서 일하고 싶다고 말해요. 아이가 나아지지 않을까 봐 두렵기도 해요. 얼마 전 백내장 수술을 했는데 눈이 잘 안 보여요. 하지만 제가 좌절하고 주저앉으면 누가 막내딸을 돌보겠어요. 그래서 웃기로 했어요. 더디지만 아이가 조금씩 나아지고 있다고 믿어요. 그게 하늘에 있는 아내가 바라는 것이기도 할 테니…."

극심한 '경제적 압박' 겪는 가족 간병 당사자들

가족을 간호하는 건 대표적인 '그림자 노동'이다. 그림자처럼 돌아보면 허무하게 사라진다. 오랜 시간 아픈 가족을 돌보며 환자 못지 않은 정신적·육체적 고통을 받지만 노동의 대가 따윈 없다. 하루하루 의료비 부담은 쌓여가지만 있던 직장도 그만둬야 할 판이니 경제적으로 현실을 감당할 능력은 점점 줄어든다. 경제적 부담은 가족 구성원의 삶을 조여 오고 종종 극단적 선택까지 부추긴다.

필자들이 2018년 7~8월 한국치매협회, 뇌질환환우모임과 함께 가족 간병인 325명을 대상으로 실시한 설문조사에서 73.9%가 경제적 어려움을 호소했다. '의료비 부담'(35.1%)이 가장 큰 이유로 꼽혔고, '사직'(26.3%)과 '근무시간 단축'(25.4%)도 상당한 비중을 차지했다. 주관식으로 한 달에 감소한 수입 또는 지출 증가 규모를 물은 결과 평균 191만 원으로 집계됐다. 연간으로 따지면 2292만 원이다.

간병살인, 154인의 고백

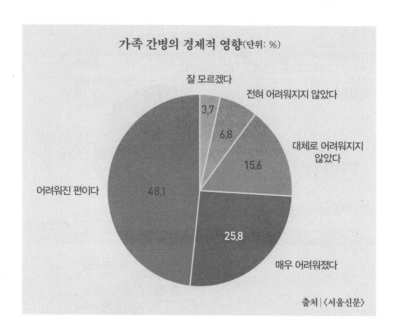

가족 간병의 경제적 영향(단위: %)

잘 모르겠다
3.7

전혀 어려워지지 않았다
6.8

대체로 어려워지지 않았다
15.6

어려워진 편이다
48.1

25.8

매우 어려워졌다

출처 | 〈서울신문〉

　가족이 아프면 일단 금융상품에 손을 댔다. 53.1%가 적금이나 보험을 깼다. 다음 단계는 빚이다. 40.1%가 대출을 받았다. 이런 영향으로 32.5%는 신용등급 하락을 경험했다. 집을 처분한 예도 16.6%나 됐다. 뇌졸중을 앓는 부친을 어머니와 함께 간병하는 서승민(40세) 씨는 "수술비 등으로 1000만 원 넘게 든 데다 지금도 매달 300만 원씩 간병비로 지출한다"면서 "24시간 환자 곁에 있어야 해 어머니가 일을 그만두는 등 경제적 어려움에 빠질 수밖에 없다"고 한숨을 쉬었다.

　경제적 어려움은 간병인에게 가정불화 같은 또다른 고통을 가한다. 삼성생명 은퇴연구소는 2018년 65세 이상 부모를 간병하는 400명(의료비 1000만 원 이상 지출)을 대상으로 설문조사를 했다. 이 자료를

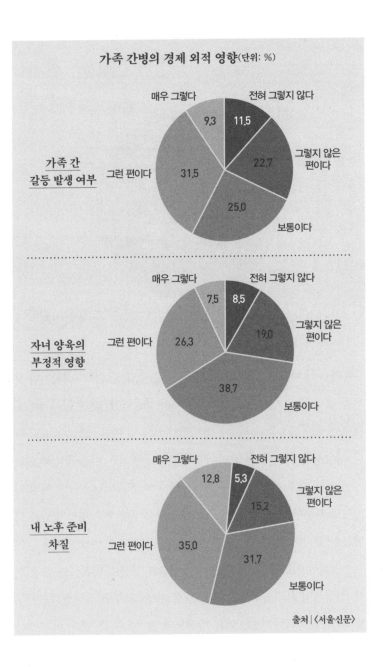

가족 간병의 경제 외적 영향 (단위: %)

가족 간 갈등 발생 여부

- 매우 그렇다 9.3
- 전혀 그렇지 않다 11.5
- 그렇지 않은 편이다 22.7
- 보통이다 25.0
- 그런 편이다 31.5

자녀 양육의 부정적 영향

- 매우 그렇다 7.5
- 전혀 그렇지 않다 8.5
- 그렇지 않은 편이다 19.0
- 보통이다 38.7
- 그런 편이다 26.3

내 노후 준비 차질

- 매우 그렇다 12.8
- 전혀 그렇지 않다 5.3
- 그렇지 않은 편이다 15.2
- 보통이다 31.7
- 그런 편이다 35.0

출처 | 〈서울신문〉

간병살인, 154인의 고백

보면 응답자 40.8%가 '부모 의료비 부담으로 가족 간 갈등이 발생했다'고 답했다. 눈에 띄는 건 월소득 '500만 원 이상' 가구에서 이런 응답이 나온 비율(41.5%)이 '300만 원 이상 500만 원 미만'(39.1%)이나 '300만 원 미만'(41.1%)보다 높았다는 것이다. 고소득층도 '간병 공포'에서 자유롭지 않다는 걸 보여준다.

"경제적 압박이 한 번에 확 느껴지지는 않는데 아내가 점점 힘들다고는 했어요. 어느 순간 신용카드 사용 한도에 걸리고, 조금씩 모았던 적금을 중간에 해지하고…. 아내는 '당신만 자식이야? 누나, 형도 있는데 왜 당신이 다 내?'라며 못마땅해 해요. 말다툼과 갈등이 많았죠."

공무원 박용건(49세) 씨는 2017년부터 1년 6개월 동안 자궁경부암을 앓는 모친(82세)을 간병하느라 1500만 원을 썼다. 모두 6명의 형제자매 가운데 자신이 비교적 경제적 여유가 있어 치료비를 떠안았지만, 어느 순간 경제적 압박과 가정불화까지 겪었다고 털어놓았다.

심지어 가족이 해체될 위기에 몰리기도 한다. 뇌출혈로 쓰러진 시어머니(80세) 간병으로 5년간 1억 3000만 원을 쓴 직장인 최수미(43세) 씨는 "'내 월급은 전부 병원비로 나가는구나' 이런 생각이 들었어요. 남편이 나한테 아껴 쓰라고 하면 정말 황당하고 화가 나서 이혼하자는 이야기까지 꺼냈죠"라고 털어놓았다. 이 밖에 '간병에 따른 시간적 제약으로 일상생활에 영향을 받았다'는 답변도 63.5%나 되었다. '부모 의료비 및 간병 부담으로 자신의 노후 준비에 어려움을 겪는다'(47.8%)는 응답이나 '자녀 양육에 지장이 있다'(33.8%)는 호소도 있었다.

　연구를 진행한 신혜형 삼성생명 은퇴연구소 책임연구원은 "병이 길어지면 가족 간병인들은 불확실한 의료비 지출 기간으로 정신적 스트레스를 받는다. 부모 중 한 분을 간병한 경험이 있으면 다른 쪽에게는 경제적 부담 등으로 진료조차 권하지 못하는 일도 있다"고 말했다.

간병살인, 154인의 고백

우리는 끝내 김씨를 구하지 못했다

변호인은 뇌성마비 1급 지체장애인 윤모(20세) 씨에게 "증인은 어머니가 감옥에 갇히길 원하나요"라고 물었다. 말을 못 하는 윤씨는 몸을 비비 꼬며 고개를 세차게 내저었다. "싫어요"라는 의미였다. 25일 오후 2시 서울동부지법 제1법정에서 열린 국민참여재판. 피고인 김모(45세) 씨는 자신이 목숨을 끊으려고 했던 아들 윤씨의 몸짓에 이내 고개를 떨구었다.

김씨는 지난 2월 12일 오후 3시 서울 강동구 천호동의 집에서 어려운 가정 형편을 비관, 자살을 결심했다. 그러나 잠시 머뭇거렸다. 치매를 앓는 시어머니 김모(69세) 씨와 아들 때문이었다. 시어머니는 혼자 화장실도 갈 수 없는 처지였다. 거동이 힘든 아들 역시 혼자서는 끼니조차 해결할 수 없었다. 남편은 악화된 호흡기질환으로 일을 하지 못했다.

김씨는 우울증 약을 한꺼번에 삼킨 뒤 시어머니와 아들에게도 나눠 먹였다. 이어 미리 사둔 연탄에 불을 붙였다. 방문을 닫고 세 식구가 나란히 누웠다. 연탄 연기에 서서히 정신이 혼미해졌다. 곧 후회가 밀려들었다. 김씨는 휴대전화로 남편에게 전화를 걸어 "도와달라"고 외쳤다. 이후 모두 병원으로 옮겨져 목숨을 건졌다.

변호인 측은 "김씨가 지난 20년간 알코올중독에다 치매에 걸린 시어머니와 장애인 아들을 성실히 돌봐온 점을 고려해 선처해달라"고 호소했다. 또 "김씨가 죽어가는 상황에서도 구조 요청을 했기에 형을 감경하거나 면제할 수 있는 중지미수 및 실행미수(범죄 실행 전 자기 의사로 행위를 중지한 것)에 해당한다"고 말했다. 증언대에 오른 김씨의 언니도 "가세가 기운 것은 아들 병 치료에 많은 돈과 시간을 쏟아부었기 때문"이라면서 "끼니를 잇기 어려운 상황에서도 병약한 시어머니를 극진히 모셨다"고 옹호했다.

법원은 이날 김씨에게 징역 1년 9개월에 집행유예 2년을 선고했다. 법원은 "죄는 중하나 가정형편이 어렵고, 20년간 시어머니와 아들을 정성껏 돌봐온 점 등을 고려했다"고 밝혔다.

이는 2012년 6월 26일자 〈서울신문〉에 실린 기사다. 이 사건은 2014년 2월 발생한 '송파 세 모녀 사건'과 비슷한 점이 많다. 김씨 가족도 송파 세 모녀처럼 모두 질병을 앓고 있었다. 지체장애 아들과 호흡기질환을 앓는 남편, 치매에 걸린 시어머니를 홀로 돌보느라 김씨마저 심한 우울증을 앓았다. 그럼에도 정부 지원은 거의 없었다. 기초생활보장수급자 신청을 했지만 부적합 판정을 받았다. 함께 살지도 않고 경제적 지원도 전혀 해주지 못하는 친정어머니에게 거액의 예금이 있다는 게 이유였다.

사실 친정어머니의 예금은 사업을 하는 친정 오빠가 세금 감면을 위해 재산 일부를 돌려놓은 것이었다. 김씨는 기초생활보장수급자로 인정받기 위해 오빠에게 어머니 명의 예금을 다시 가져가달라고 부탁했지만, 거절당했고 오히려 모욕적인 말만 들었다. 김씨 가족의 한 달 수입은 김씨가 요양보호사로 버는 50만 원과 시어머니 앞으로 나오는 노인연금, 아들의 장애연금을 합쳐 고작 100만 원 남짓이었다. 생활고와 끝 모를 간병 터널 속에서 김씨는 무너졌고, 결국 동반자살이라는 극단적 선택을 한 것이다. 다행히 모두 구조된 게 숨진 채 발견된 송파 세 모녀 사건과 다른 점이다.

송파 세 모녀 사건은 사회안전망의 한계를 드러낸 대표적 사건으로 사회적 관심을 받았고, 기초생활보장법이 개정되는 계기가 됐다. 개정안이 '송파세모녀법'으로 불릴 만큼 사건 파장이 컸다. 하지만 송파 세 모녀 사건보다 2년 앞서 발생한 김씨 사건은 일부 언론에만 보도되었고, 별다른 사회적 관심을 받지 못했다.

당시 김씨 사건을 아는 사람들은 가난한 어미에게만 책임을 떠넘길 일이 아니라는 걸 알고 있었다. 김씨를 평결한 7명의 배심원은 모두 안타까움을 표명했고, 전원 집행유예 의견을 냈다. 재판부도 배심원 뜻을 받아들여 판결문에 다음과 같은 글을 남겼다.

피고인(김씨)은 당시 심리적 측면, 정신적 측면 등에서 모두 가혹한 상태에 있었고, 이러한 상황을 피고인 개인이나 피고인 가족의 문제로만 방치할 수는 없다. 국가가 가족 내부의 행위에 대해 적정한 형벌권을 행사하는 것과는 별도로, 피고인 개인과 피고인 가족의 노력을 바탕으로 국가와 사회의 지원과 관심이 필요하다.

필자들은 살아남은 김씨 가족이 현재 어떻게 지내는지 궁금했다. 2018년 7월 김씨 집을 찾아가 문을 두드렸다. 사건이 벌어진 지 벌써 6년이 지났으니 사정이 좀 나아지지 않았을까 하는 기대감이 있었다. 하지만 만날 수 있는 사람은 김씨 집 건물주 할머니였다.

할머니는 김씨 가족이 일 년 전쯤 다른 곳으로 이사 갔다면서 어디로 갔는지는 모른다고 했다. 그리고 김씨는 오래전 유명을 달리했다고 했다. 정확히 기억나진 않지만 벌써 5년 정도 됐다고 했다. 집행유예로 풀려난 지 일 년여 만에 세상을 등진 것이다. 할머니는 김씨가 왜 숨졌는지는 명확히 말하지 않았다. 다만 병으로 인한 건 아니라고 했다. 우울증을 끝내 이겨내지 못했다고만 했다. 김씨가 모시던 시어머니는 다른 자식이 데려갔고, 남편과 아들만 함께 살다가 이사 갔다고도 이야기해주었다.

"그 일(동반자살 시도) 이후에도 김씨는 계속 요양보호사 일을 했어. 기초수급자 문제도 해결돼 정부지원금을 얼마씩 받았던 걸로 알아. 김씨랑 남편은 사이가 좋아 보였어. 하지만 우울증은 계속 심해졌던 것 같아. 남편은 여전히 일을 못 했고, 김씨가 일 나가면 뇌성마비

아들을 돌봤지. 언젠가는 누가 갑자기 아팠는지 한밤중에 구급차가 오기도 했어… 김씨가 세상을 떠난 뒤 남편과 아들은 정말 조용히 지냈어. 있는지 없는지 모를 정도로. 이웃과 왕래도 거의 없었지. 그러다 LH에서 운영하는 임대주택을 얻어 이사 갔다고 들었어."

동네에서 김씨 가족을 가장 잘 아는 이는 인근 교회 목사였다. 김씨 아들이 이 교회 장애인 재활프로그램을 다녔기 때문이다. 하지만 목사도 남편과 아들이 어디로 이사 갔는지는 모른다고 했다. 필자들이 그들을 만나고 싶어 하는 취지를 이해하고 남편 휴대전화 번호를 알려줬다.

"선생님 안녕하세요. 저희는 〈서울신문〉 탐사기획부입니다. 사람이 살면서 가장 힘겨운 일은 가족이 아플 때입니다. 하지만 우리 사회 복지제도는 아직 미흡해 가족 간병을 하는 이들에게 제대로 된 지원을 못하는 실정입니다. 저희는 이런 안타까운 현실을 취재하며 복지제도 개선의 필요성을 주장하고 있습니다. 과거 아내분이 아들 간호를 하다 너무 힘들어 극단적인 선택을 했던 게 생각났습니다. 그래서 선생님 댁을 찾았는데 아내분이 이미 돌아가시고 선생님과 아들도 이사 가셨단 말을 들었습니다. 지금 선생님께서 살던 집 근처에 와 있는데 잠깐 만나 뵐 수 있을까요? 힘들고 괴롭겠지만 가족 간병을 하다 벼랑 끝에 내몰린 이들에게 어떤 도움이 필요한지 여쭤볼 수 있었으면 합니다."

남편이 전화를 받지 않자 필자들은 장문의 문자메시지를 보내고 기다렸다. 하지만 끝내 답장은 오지 않았다. 필자들을 만나는 게 부담스러웠는지, 아니면 다른 이유로 문자메시지를 확인하지 못했는지 알수 없었다. 누구보다 힘든 시간을 보낸 가정에 행복이 깃들기를 기원하며 취재를 중단했다.

김씨 가족 사연은 기사로는 다루지 않았지만 이 책에서는 전하기로 했다. 한국 사회가 함께 생각해야 할 부분이 많기 때문이다. 김씨가 앞서 동반자살을 시도했을 때 한국 사회는 부족하나마 그를 돕기위한 노력을 했다고 본다. 법원은 김씨에게 실형을 선고하지 않았고가족에게 돌려보냈다. 김씨 친정은 사건 이후 어머니 예금 문제를 해결했고, 덕분에 김씨 가족은 기초생활보장수급 자격을 획득해 적게나마 경제적 지원을 받았다. 김씨 역시 재판 진행 중에는 삶에 대한 의지를 보이며 심리치료를 꾸준히 받았다.

하지만 김씨는 풀려난 지 일 년여 만에 세상을 등지고 말았다. 단순히 경제적·물질적 지원만으로는 무너진 가족 간병인의 마음을 일으킬 수 없었던 것이다. 결국 우리는 김씨를 구하지 못했다.

독박간병, 살인 충동마저 부르는 악몽

아픈 가족을 돌보는 간병인 10명 중 3명이 간병의 어려움 때문에 환자를 죽이거나 같이 죽으려고 생각한 적이 있는 것으로 나타났다. 특히 간병 기간이 7년 이상 길어지거나 간병 시간이 하루 평균 8시간을 넘어설 때 한계에 부딪혔다고 느끼면서 부정적인 생각이 심화됐다.

필자들이 2018년 7~8월 가족 간병인 325명을 대상으로 간병의 어려움에 대해 설문조사를 실시한 결과 95.7%가 "간병으로 신체와 정신 모두 한계에 몰리고 있다고 느낀 적이 있다"(자주 그렇다 59.4%, 가끔 그렇다 36.3%)고 답했다. 살인 내지는 자살 충동을 느낀다고 답한 응답자도 29.2%에 이르렀다. 이들은 '간병으로 인한 정신적·신체적 한계'(60.2%·복수 응답), '경제적 어려움의 심화'(50.6%), '미래에 대한 불안감'(45.8%)이 몰려올 때 환자를 죽이거나 같이 죽고 싶다는 생각을 했다(매우 자주 5.4%, 종종 23.8%)고 밝혔다.

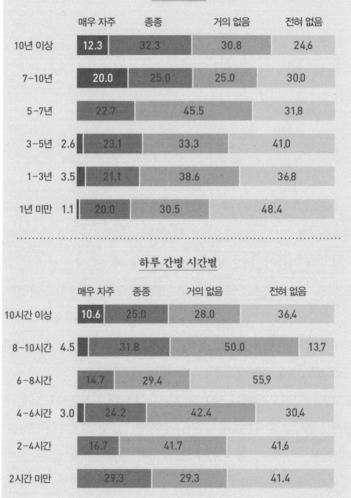

간병 스트레스로 환자를 살해하거나
같이 죽고 싶다는 생각을 한 적이 있나(단위: %)

간병 기간별

	매우 자주	종종	거의 없음	전혀 없음
10년 이상	12.3	32.3	30.8	24.6
7-10년	20.0	25.0	25.0	30.0
5-7년	22.7		45.5	31.8
3-5년	2.6 / 23.1	33.3		41.0
1-3년	3.5 / 21.1	38.6		36.8
1년 미만	1.1 / 20.0	30.5		48.4

하루 간병 시간별

	매우 자주	종종	거의 없음	전혀 없음
10시간 이상	10.6	25.0	28.0	36.4
8-10시간	4.5	31.8	50.0	13.7
6-8시간	14.7	29.4	55.9	
4-6시간	3.0 / 24.2	42.4		30.4
2-4시간	16.7	41.7		41.6
2시간 미만	29.3	29.3		41.4

출처 | 〈서울신문〉

이 같은 결과는 간병을 하는 가족 가운데 상당수가 간병살인 또는 간병자살의 위험에 놓여 있다는 신호로, 이제는 환자만이 아니라 환자를 돌보는 가족의 건강에도 관심을 기울여야 할 때임을 말해준다.

우선 전체 응답자 가운데 일 년 이상 간병으로 환자를 돌본 응답자는 67.4%에 이르렀으며, 10년 이상 간병 중인 사람도 20.6%나 됐다. 치매나 뇌혈관질환 같은 만성질환이나 자폐증, 발달장애처럼 환자의 상태가 나아지지 않으면서 간병이 몇 년씩 장기화될 때 스트레스가 극도에 달하는 것으로 분석됐다.

간병 기간별로 살펴보면, 간병을 시작한 지 일 년 미만의 응답자들에서는 환자를 죽이거나 같이 죽으려고 생각한 적이 있다고 답한 응답자의 비중이 21.1%로 나타났다. 하지만 간병 기간이 7년 이상 10년 미만인 응답자들에서는 극단적인 생각을 해본 비율이 45%로 두 배 이상 훌쩍 뛰었다.

이는 간병 시간과도 연관이 있는 것으로 분석되었다. 하루 평균 10시간 이상을 간병에 매달린다고 응답한 비율은 전체 응답자의 44.3%로 가장 큰 비중을 차지했는데, 간병 시간이 8시간을 넘어가면 살인이나 자살 충동도 급격히 증가했다. 환자를 돌보는 시간이 하루 8시간 미만인 응답자들에게서는 살인이나 자살 충동이 평균 22%로 나타난 데 반해 하루 8시간 이상 10시간 미만을 간병하는 응답자들에게서는 36.3%, 10시간 이상 간병을 하는 응답자들에게서는 35.6%로 조사되었다. 특히 환자를 죽이거나 같이 죽으려고 생각한 적이 있다고 답한 응답자의 60.9%는 본인 외에는 환자를 돌볼 사람이 없는 이른바 '독박간병'을 하고 있었다.

간병 가족들을 가장 힘들게 하는 것은 악몽 같은 현실이 언제 끝날지 모른다는 점이었다. 간병 가족의 어려움을 5가지 항목으로 나눠 각각 힘든 정도를 1~5점(낮음→높음)까지 나타내도록 했다. 그 결과 환자 가족들은 '간병은 끝이 없다'(평균 4.3점)를 가장 큰 애로사항으로 꼽았다. 이어 '비싼 약값, 치료비에 경제적으로 궁핍해진다'(3.7점), '하루 대부분의 시간을 간병에 할애한다'(3.7점), '도와주는 사람이 없다'(3.6점), '간병 방법을 잘 모르겠다'(3.0점) 순이었다.

종일 환자의 손발 노릇을 하다 보니 간병인들의 수면 부족도 심각했다. 76.9%는 불면증이나 수면 부족을 호소했다. 또 10명 가운데 7명 이상(71%)이 간병 이후 자신의 건강이 나빠졌다고 말했다. 구체적으로는 체력 저하(60.5%·복수 응답)와 우울증 같은 정신질환(57%)이 많았다.

나해란 여의도성모병원 정신건강의학과 교수는 "치매 환자의 보호자가 우울증이나 심혈관계질환 등으로 사망할 확률이 일반인보다 훨씬 높다는 세계치매학회의 연구 결과가 있었다. 고령사회가 되면서 고령 환자만이 아니라 이를 간병하는 가족의 건강 문제에 대해서도 국가적인 관심이 필요한 때"라고 말했다. 이어 "환자도 중요하지만 간병하는 가족을 위한 상담이나 교육, 지원 체계가 함께 마련돼야 한다"고 제언했다.

가족 간병인 82.8%는 여성,
쉼 없는 '그림자 노동'

응답자 10명 가운데 8명 이상이 여성(82.8%)이라는 점도 주목할 만하다. 〈노인장기요양보험 통계연보〉(2017년)에 따르면 주 수발자의 71.7%가 여성인 것으로 나타났다. 그중에서도 딸이나 며느리가 부모 또는 시부모를 간병하는 비중이 절반(49.2%)에 달했다.

가족 간병인의 마음을 치료하는 PTCPowerful Tools for Caregivers 프로그램을 진행 중인 이성희 마음살림 가족지원협회 대표는 "한국 정서상 부모를 어떻게든 직접 모셔야 한다는 인식이 커 주로 장남이나 그 며느리가 간병을 떠안는 경우가 많은데, 이런 과정에 충분한 협의가 이뤄지지 않을 경우 가족 갈등이나 스트레스의 원인이 된다"면서 "집안에 간병을 해야 하는 상황이 발생하면 가장 먼저 모든 가족 구성원이 모인 가운데 가족회의를 통해 방법을 모색하는 것이 바람직하다"고 조언했다. 그는 또 "남성이 직접 간병을 맡는 경우 평소 집안일에 익숙지 않다 보니 상당한 스트레스를 받고 현실을 부정하기까지 한다"고도 덧붙였다.

설문 응답자들은 먼저 '환자가족휴가제도'가 마련돼야 한다고 꼽았다(48.2%·복수 응답). 환자가족휴가제도란 환자를 돌보는 사람이 일정 기간은 간병의 굴레에서 벗어나 쉴 수 있도록 시간을 주고 이 기간 정부가 간병인이나 도우미를 파견하거나 단기보호시설에서 환자를 돌보는 제도다. 이어 '취업, 현금 지원 같은 경제적 도움'(46.4%), '전문 요양시설 확대'(42.3%), '환자 가족의 정신적·정서적 지지와 상담'(32.7%), '요양보호사 지원 확대'(27.4%), '유급 간병휴직'(22.6%) 순으로 필요하다고 답했다.

2018년 기준으로 정부는 노인돌봄종합서비스 차원에서 일 년에 최대 6일간 치매 환자에 한해 치매가족휴가지원제도를 운영하고 있다. 장기요양 1~2등급 환자의 경우 24시간 방문요양서비스를, 1~2등급을 제외한 치매 환자들은 단기 보호시설을 이용할 수 있다는 게 정부의 설명이다. 하지만 2017년 이용자 수는 115명에 불과했다. 휴가지원 대상이 치매에 한정돼 있고, 휴가를 신청해도 환자를 맡아줄 시설을 찾기 힘들다(전국 204곳)는 것이 보호자들의 불만이었다.

이 밖에도 응답자들은 '중증장애인전문돌봄제도'를 비롯해 '가족 간병 수가제' 도입, '반찬 배달 지원' 같은 다양한 의견을 제시했다. 중증 장애인의 경우 장애인활동보조인을 가족요양보호사제도처럼 가족 간병인에게 허용하는 제도를 마련해야 한다는 의견도 나왔다. 현재 노인장기요양보험제도에서는 가족 구성원이 요양보호사 자격을 취득하고 가족 간병을 하는 경우 하루 1시간씩 월 20일간 노동을 인정하고 급여를 지급한다. 하지만 장애인의 신체활동이나 가사 및 이동서비스를 제공하는 장애인활동지원제도는 활동지원사를 구하기 어려운 일부 도서 지역을 제외하고는 가족이 활동지원사 역할을 하고 급여를 받는 것을 허용하지 않는다.

뇌질환으로 거동이 불가능한 자녀를 둔 오미영(52세) 씨는 "의사소통이 전혀 되지 않고 머리부터 발끝까지 부모가 아니면 어디가 불편한지 알아차릴 수 없는 최중증 장애인이라서 24시간 붙어 있을 수밖에 없다. 그러다 보니 부부가 생계를 위해 아이가 잠든 시간에 교대로 나가 잠깐 일하고 돌아올 수밖에 없는 실정"이라면서 "장애인활동지원제도가 있지만 장애가 심한 경우에는 부모가 직접 돌볼 수밖에 없기 때문에 부모를 장애인활동보조인으로 인정해줄 필요가 있다"고 말했다.

보건복지부는 2018년 7월 1일부터 장애인활동보조인의 휴게시간(8시간 근로 중 1시간)을 보장하기로 하면서 휴게시간에 한해 가족이 활동지원사를 대체하는 방안을 시범적으로 도입하고, 향후 모니터링을 통해 가족 허용 여부를 결정하겠다고 밝혔지만 현재(2019년 5월)까지 구체적인 방침을 내놓지는 않았다.

엄마와 채이의 턱받이

. . . .

갓 태어난 딸과 함께 치매 엄마를 돌보는

윤미리 님의 이야기

인생에서 엄마가 필요한 순간은 언제나 지금이다. 우린 항상 서로가 필요했다. 비록 지금은 엄마에게 내가 더 필요해 보이지만 말이다.

"간병이요? 육아와 다르지 않아요."

지금 내 딸 채이는 낮잠을 자는 중이다. 엄마는 묵묵히 핸드레일을 붙잡고 오후 운동을 한다. 내게는 황금 같은 휴식시간이다. 얼마 지나지 않으면 곧 사랑스러운 딸 채이는 온 우주의 전부인 나에게 달려들 것이다.

여자 인생에서 가장 행복하고 중요한 순간을 꼽으라면 나는 출산을 이야기할 것이다. 그 일련의 과정에는 언제나 '엄마'가 있다. 채이가 처음으로 내뱉은 말이 당연히 '엄마'였듯 내게도 그렇게 부를 '엄마'가 있다. 하지만 반쪽짜리 엄마다. 엄마가 몸을 반밖에 쓰지 못하기 때문이다.

간병살인, 154인의 고백

그날은 맑았다. 나는 전날 밤샘 근무로 새벽녘에 퇴근해 신혼집에서 단잠을 자는 중이었고, 엄마는 그런 내 잠을 깨울까 봐 전화 한 번 제대로 못 한 채 혼자서 부서지는 햇살 속으로 스며들고 말았다.

잠에서 깬 나는 "ㅇ몸마가 엎러워 너머잤어"라는 맞춤법이 모두 틀린 문자를 발견하고는 이상한 느낌에 전화를 걸었다.

"여보헤여."

핸드폰 너머로 들려오는 한 번도 들어본 적 없는 엄마의 어눌한 목소리에 예삿일이 아니라는 걸 직감했다. 그렇게 엄마는 남들과 전혀 다른 삶을 살게 되었다. 아니, 조금 불편한 삶을…. 지금은 엄마가 언제부터 반쪽이 되었는지 기억이 나지 않는다. 마치 처음부터 그랬던 것만 같다.

서른두 살, 결혼한 지 8개월이 갓 지나 신혼의 단꿈에 젖어 있던 나는 혼자 있는 엄마에게 신경 쓸 겨를이 없었다. 그런데 그 8개월이라는 시간 동안 엄마는 무던히도 외롭고 쓸쓸했던 모양이다. 자존심 센 엄마는 이제 막 결혼한 딸네 집 근처에서 살고 싶다고 말하기가 눈치 보였던 걸까? 그래서 평생 같이 살기 위해 겨우 이 방법을 생각한 걸까. 내 도움 없이는 움직이지도 걷지도 못하는 방법 말이다.

엄마가 쓰러진 다음 날 나는 곧바로 간병휴직을 신청했다. 내가 근무하는 직장에 왼팔과 왼쪽다리를 전혀 쓰지 못한 채 누워 있는 엄마를 본 팀장님도, 파트장님도 간병휴직을 말리지 않았다.

"그래, 간호사인데 어련히 잘하겠어. 정성껏 보살펴드려."

엄마와 나의 병원 생활은 그렇게 시작되었다. 하루아침에 병원 직원이 아닌 보호자가 된 것이다. 그리고 그렇게 우리는 오랜 시간을 병원에서 보냈다.

의사들은 엄마에게 계속 똑같은 질문을 했다.

"오늘이 며칠이지요?"

"11월 11일 빼빼로데이요!"

엄마 대답은 매번 같았다. 11월 11일 빼빼로데이는 엄마가 쓰러진 날이었는데 엄마 기억은 거기서 그대로 멈춰버렸다. 엄마 머릿속에는 그날도, 그다음 날도 빼빼로데이였다. 엄마와 나는 첫눈을 병원 창가에서 맞이했고 크리스마스도, 새해도 모두 병원에서 보냈다. 3개월에 한 번씩 재활병원으로 옮겨 다녔고, 그럴 때마다 짐을 싸고 풀기를 반복했다. 엄마의 34평 집이 한 평 남짓한 병원 침대가 되어버린 셈이다.

겨울이 지나고 벚꽃이 흐드러지게 핀 봄이 왔고 재활병원 보호자 침대에 누워 잠을 청하려던 나는 이상하게 잠이 오지 않아 병원 밖으로 나왔다. 토요일 밤공기는 따뜻했고 어디선가 라일락 향기가 코를 간지럽혔다. 엄마와 병원 생활을 하느라 제대로 느껴보지 못한 계절이 지나가고 있었다. 그리고 그날 밤 채이의 존재를 알게 되었다. 내게 선물같이 와준 내 딸 말이다.

"엄마, 일어나봐. 이것 좀 봐요!"

6인실 병실, 모두가 잠든 그곳에서 귓속말로 엄마를 깨워 핸드폰 불을 밝히고 임신테스트기를 엄마에게 보여주었다. 엄마는 웃다가 울며 "경사 났네!" 하셨다. 쓰러진 뒤 그렇게 흥분된 목소리는 들어본 적이 없었다.

"같이 죽자, 제발 같이 죽자, 우리 이렇게 살지 말자."

만삭이 된 나는 병실 바닥에 주저앉아 울면서 엄마에게 소리를 질렀다.

"미안해, 잘못했어. 내가 미안해…."

"그 소리 지긋지긋해. 듣기도 싫어. 나 이렇게 살고 싶지 않아, 정말 싫어. 그냥 차라리 죽어버려. 나 너무 힘들다고! 왜 이렇게 내 말 안 들어!"

엄마와 나의 싸움은 시간이 흐르면서 감정적으로 변했고, 그 사이 나는 조금씩 지쳐갔다.

"보호자분이 안 계시면 아무것도 하지 않으세요. 운동도 안 하시고, 밤에 잠도 안 주무시고, 밥도 안 드세요."

몸이 무거워지면서 나는 더이상 병원에서 간병을 하기가 어려워졌고 간병사를 부를 수밖에 없었다. 그러나 내 빈자리를 채워준 그분들은 매일 내게 더이상 못하겠다고 하소연했다.

"내가 윤 선생 아이 낳을 때까지 어떻게든 보살펴주려 했는데 도저히 못 하겠어. 엄마 재활 안 돼. 윤 선생, 그냥 돈 낭비, 시간 낭비하지 말고 요양원 보내드려. 그게 제일 나아."

간병사 분들은 다들 그렇게 말했다. 일주일에 한 번씩 반찬을 만들어 병원에 들르면 엄마는 휠체어에 앉아 고개를 푹 숙인 채 맹한 눈으로 나를 한 번 쳐다보고는 조용히 내가 사온 간식만 드셨다. 그리고 너무 춥지 않은 겨울날 나는 채이를 낳으러 병원으로 향했다. 병원으로 가는 도중 남편에게 온 문자를 보고 나는 그만 울음을 터뜨리고 말았다.

"문 서방, 자네 많이 힘든 거 알아. 오늘 아기 예정일이지? 미리 옆에 꼭 붙어서 손 잡아줘. 내가 못 가서 미안해."

엄마는 그렇게 나를 걱정했던 것이다.

엄마가 된 나는 갓 태어난 채이 기저귀를 조심스럽게 갈아주다가 눈물을 주르륵 흘렸다.

"왜 이렇게 자주 소변을 보는 거야? 좀 참았다가 보면 안 돼? 밤에 기저귀는 왜 뜯어? 왜 기저귀를 벗으려고 하는데? 왜 자꾸 실수하는 거야?"

엄마에게 신경질적인 말투로 투덜거렸던 게 생각나서다. 그때 엄마의 충혈된 눈에는 눈물이 고였다.

"미안해, 다시는 기저귀 안 건들게."

채이 기저귀는 하루에도 수없이 방긋 웃으며 갈아주었으면서 말이다. 갑자기 엄마가 너무 보고 싶었다.

"엄마, 우리 집에 가자."

고개를 푹 숙인 채 휠체어에 앉아 졸고 있던 엄마를 보고 나는 말했다. 채이가 태어난 지 100일 정도 되었을 무렵이다. 그렇게 채이와 엄마의 기막힌 동거가 시작되었다. 엄마는 쓰러진 지 일 년 반 만에 병원이 아닌 진짜 집으로 오게 되었는데, 내가 생각했던 것보다 훨씬 어린아이로 변해 있었다.

"뇌혈관성 치매예요. 요양원에 보내세요. 아기도 어리다면서요."

신경과 의사가 내게 건넨 말이다.

"엄마, 제발 나 힘들게 좀 하지 마!"

하루에도 몇 번씩 나는 어린 채이를 안은 채 소리를 질렀다. 엄마가 소변 실수를 할 때마다, 밤새 냉장고를 뒤질 때마다 말이다. 지옥이 있다면 이곳일 수도 있겠다는 생각마저 들었다. 내 생활은 없어진 지 오래였다. 채이 하나만으로도 힘든데 몸조차 움직이지 못하는 치매 노인까지 맡았으니 혼자 감당하기에는 너무 버거웠다. 엄마에게는 병원에서 지낼 때처럼 하루 생활계획을 정해주면서 냉장고 속 반찬 위치를 알려주었는데, 그 일은 매일 반복해야 했다. 왜냐하면 엄마에게는 매일이 새로우니까.

"일요일 아침은 스프지?"

그렇게 두 달쯤 지난 어느 일요일 아침, 식탁에 앉아 전용 턱받이를 한 손으로 목에 두르며 엄마가 말했다.

"네, 엄마. 일요일 아침은 스프예요."

엄마와 나는 그렇게 차츰 적응해갔다.

"어머, 이렇게 귀여운 턱받이가 있을까."

엄마는 채이 턱받이를 보며 이야기했다.

"채이야, 할머니도 너랑 같은 턱받이 하고 있어. 할머니 게 훨씬 예쁘지?"

엄마는 자기 턱받이를 채이에게 펼쳐 보이며 식사 전 의식처럼 이야기했다. 채이가 이유식을 시작하며 턱받이를 사용하게 되자 엄마와 채이는 턱받이 커플이 되었다.

"엄마, 일어나요. 나는 채이 때문에 엄마 잡아줄 수가 없어요. 엄마 혼자 일어나야 해!"

매미가 맴맴 우는 한여름, 아파트 산책로에 주저앉은 엄마에게 나는 또 소리를 질렀다. 내가 소리 내 울자 아기띠에 안긴 채이도 덩달아 울고 만다.

"미안해, 미리야. 엄마 한 번만 붙잡아줘."

"엄마, 앞으로 어떻게 살려고 그래! 집에서 걷는 운동이 된다고 생각해요? 나 없이 혼자 살 수 있어요? 혼자 살지도, 혼자 죽지도 못하면서 언제까지 내 옆에 붙어 있을 건데!"

조바심이 난 나는 엄마를 더욱 다그치며 모진 말만 해댔다. 그러자 채이가 더 크게 운다. 매미도 질세라 더 크게 울어대는 것만 같았다. 우리는 그렇게 뜨거운 여름을 견뎌냈다.

그날 저녁도 엄마는 전용 턱받이를 한 손으로 두르면서 채이에게 자랑하고 난 뒤 식사를 시작했다. 채이는 그런 할머니를 빤히 쳐다보며 할머니가 흘리는 반찬을 주워 먹으려고 엉금엉금 기어갔다. 그러고는 할머니 다리를 붙들고 식사가 끝나기만을 기다렸다. 엄마 식사가 끝나면 이제 채이 차례인데, 엄마가 이상했다. 후식으로 사과를 먹던 엄마가 뒤로 쓰러지더니 숨을 쉬지 않는다. 놀란 나는 119에 전화한 뒤 심폐소생술을 하며 또다시 엄마를 부르며 울부짖는다.

"엄마! 엄마! 제발 눈 떠!"

피를 흘리며 음식물을 토해내는 엄마는 간신히 정신이 들었는지 동공이 흔들린다. 채이는 옆에서 그런 나를 붙들고 울지도 않은 채 지켜보고만 있다. 가을비가 내리던 어느 날 그런 일은 또 반복되었고 엄마는 채이와 나만 남겨둔 채 119구급차에 실려갔다. 나는 채이를 붙들고 식탁 밑에 주저앉아 아무렇게나 흩어진 사과를 주우며 또다시 울어버렸다. 사과처럼 나 역시 아무렇게나 흩어진 듯했다.

"엄마, 우리 집에 가자."

엄마는 그렇게 생과 죽음 사이에서 사투를 벌이다 다시 내 곁으로, 채이 곁으로 돌아왔다. 그리고 오늘도 쓰러졌던 식탁에서 큰 턱받이를 두른 채 식사를 하신다. 이제는 채이가 할머니 턱받이를 챙겨 아장아장 걸어가 고사리손으로 전해준다. 결국 채이가 할머니보다 먼저 걸었다. 어쩌다 할머니가 사레라도 들면 밥을 먹다가도 다가가 등을 두드려준다. 내가 하는 걸 봤나 보다.

그렇게 지금도 채이와 엄마의 기막힌 동거는 진행 중이다.

| 글쓴이는 뇌혈관성치매에 걸린 어머니를 돌보면서 일상을 블로그(blog.naver.com/miri4010)에 기록하고 있다.

3장

폭언·폭행에 내몰리는 간병인

2006년부터 2018년 8월까지 발생한 간병살인 108건을 분석한 결과, 사건 절반 이상인 53.7%가 치매 환자를 간병하는 과정에서 발생했다. 그중 33.3%(36건)는 평소 피해자가 자신을 돌봐온 가해자에게 물리적 폭력이나 언어폭력을 행사한 정황이 있는 것으로 나타났다. 치매 증상의 하나로 나타나는 의심, 망상, 폭력, 우울증 같은 이상행동증상에 대해서는 그냥 넘길 것이 아니라 별도의 관리가 필요하다. 이상행동증상은 치매 환자의 80%에서 나타날 정도로 흔한 증상인데, 이 증상을 완화하려면 일반적인 치매 치료 외에 조현병 계통 증상의 치료가 병행되어야 하기 때문이다. 이를 일반적인 치매 증상으로만 생각하고 방치할 경우 환자의 상태가 악화되는 것은 물론이고 환자를 간병하는 가족까지 극심한 스트레스에 시달리게 된다.

치매는 엄마도 나도 삼켰다

"저 도둑년이 우리 집 살림을 거덜 내려고 하네. 나가, 이년아!"

양성준(2011년 사건 당시 40세) 씨가 출근한 뒤 또 한바탕 난리가 났다. 상황이 급하다는 간병인의 전화를 받고 헐레벌떡 집으로 달려오자 어머니(사건 당시 67세)는 지팡이를 마구 휘두르며 잡아먹을 듯한 눈으로 간병인을 노려보고 있었다. 아들을 본 어머니는 그제야 안심이 된 듯 누그러졌지만 간병인은 도저히 감당할 수 없다며 그 길로 짐을 쌌다. 또 일주일을 버티지 못했다.

2001년 환갑도 안 돼 뇌경색으로 쓰러진 어머니 몸에 알츠하이머성 치매가 찾아왔다. 거동에는 문제가 없었지만, 폭행과 폭언을 서슴지 않는 폭력적 성향으로 바뀌었다.

어머니의 정신은 필라멘트가 다한 전구 같았다. 처음에는 한두 번 깜빡거리더니 점점 빛을 잃다가 나중에는 아주 가끔 불이 들어오는 듯했다. 밤낮 가리지 않고 소리를 지르는 통에 동네 주민들로부터 항의가 빗발쳤다. 행동은 점점 과격해졌다. 텔레비전부터 전기밥솥, 전화기까지 살림이 남아나는 게 없었다. 자식들도 알아보지 못하고 도둑이라며 욕설을 퍼붓던 어머니는 잠깐이나마 기억이 돌아오면 딸에게 전화를 걸었다.

"나 때문에 네 동생이 많이 힘들다. 죽고 싶어도 그것조차 쉽지 않구나."

그러나 그도 잠시, 딸이 "그런 말 말고 건강하세요"라고 하면 또다시 욕설을 퍼부으며 돌변했다. 우울한 암전의 시간은 점점 길어졌다.

2007년 아버지마저 간암으로 사망하자 간병은 오롯이 양씨 몫이 됐다. 자식들에게 짐이 될까 봐 암 투병 사실마저 숨겼던 아버지는 "네 엄마와 함께 가려고 했지만 그러지 못하는구나. 꼭 요양원에 모셔라"라는 당부를 남긴 뒤 눈을 감았다.

하지만 아들은 차마 그러지 못했다. 최대한 바깥일을 줄이고 집에서 어머니 돌보는 시간을 늘렸다. 하지만 양씨가 없으면 꼭 사달이 났다. 어머니는 혼자 집 밖으로 나가 길을 잃어버리곤 했다. 같은 신고가 반복되자 경찰들도 짜증스러워했다. 양씨가 종일 동네를 찾아 헤매다 보면 어머니는 길가에 정신을 잃고 쓰러져 있었다. 하는 수 없이 밖에서 문을 잠그고 출근을 하면 어머니는 몇 시간씩 괴성을 질렀다. 동네 주민들의 원성은 더 커졌다.

어머니를 요양병원으로 모셨지만 오래가지 못했다. 다른 환자를 슬리퍼로 때리는 등 폭력적 행동을 반복해 하루 만에 다시 집으로 데려와야 했다. 다른 병원에서는 어머니의 팔다리를 침대에 묶어놓았다. 이런 어머니가 안쓰러웠던 양씨는 잘 때만이라도 편하게 해드리자며 묶은 끈을 풀어드리고 병원에서 함께 밤을 새운 뒤 출근하곤 했다.

잘 되던 입시학원까지 접고 어머니를 돌봤지만 병세는 나아지지 않았다. 카드빚은 점점 늘어났다. 끝을 알 수 없는 간병에 양씨도 지치기 시작했고, 고립감, 우울감, 절망감이 숨통을 조였다. 무엇보다 완전히 딴사람이 된 어머니의 모습을 지켜보는 것이 괴로웠다.

아들 앞에서는 옷도 갈아입지 않을 만큼 흐트러짐이 없던 어머니는 병원에 입원한 뒤 혼자서는 입지도, 먹지도, 볼일을 볼 수조차 없는 지경이 됐다. 식사도 거부한 채 움직이지 못하는 다리로 병원 현관까지 기어 나와 매일 아들이 오기만을 기다렸다. 몸무게가 15킬로그램이나 빠져 이미 산송장 같은 모습이었다. 병원에서는 어머니에게 주사로 영양분을 억지로 공급했다. 양씨가 올 때마다 어머니는 "제발 여기서 나가게만 해줘"라고 매달렸다.

'짜르르 짜르르…'

매미가 자지러지게 울던 2011년 8월 초, 양씨는 휴가철이니 바람이라도 쐬게 해드리고 싶다며 병원에 외박 신청을 하고 어머니를 모시고 집으로 왔다. 다섯 번째 병원으로 옮긴 지 한 달 반 만이었다. 집에 온 어머니는 아들이 주는 죽과 과일을 맛있게 먹었다.

"어머니가 음식을 드시지 못하는 게 아니었어."

양씨는 흐느꼈다. 어머니는 양씨가 건넨 수면제 다섯 알을 먹고 편안한 표정으로 잠들었다. 어머니 옆에 몇 시간이나 있었을까. 날이

밝아오는 것을 본 양씨는 테이프로 어머니의 입과 코를 막고는 어머니 품에 가만히 머리를 묻었다.

'어머니 편하게 해드리고 저도 따라갈게요.'

간병을 시작한 지 10년 만이었다.

그러나 자살에 실패한 양씨는 사흘 뒤 경찰에 자수했다. 양씨가 결혼도 하지 않은 채 혼자서 어머니를 정성껏 모시던 걸 봐왔던 이웃 주민들은 먼저 나서서 법원에 선처를 호소했고, 법원은 양씨에게 징역 5년형을 선고했다. 당시 양씨와 같은 구치소에 있던 수감자로부터 안타까운 사연을 전해 듣고는 양씨의 사건을 맡게 된 변호사는 "양씨는 구치소에 있으면서 자신은 죄인이라 할 말이 없다며 스스로를 변호하려 하지 않았다"고 회상했다. 양씨는 형기를 채우고 2016년 출소했다. 필자들은 양씨를 직접 만나려고 수소문했지만 연락을 끊은 채 살아가는 그를 찾을 수 없었다.

양씨 이야기는 변호사와 경찰, 주민들로부터 들은 이야기를 종합해 재구성했다.

치매 환자에게서 나타나는 의심과 망상, 그리고 폭력성은 치매 환자 간병의 또다른 고통이다. 이는 치매 환자를 간병하는 가족에게 견디기 어려운 스트레스를 안겨준다. 환자의 예상치 못한 돌발 행동 때문에 늘 긴장하게 되고, 간병 기간이 길어지면 사회적 고립과 우울증을 경험하기도 한다.

간병인은 치매 환자의 폭언과 폭행에 직접 노출될 수밖에 없는

데, 이 같은 폭력성은 간병인에게 우발적 살인이나 자살 충동을 부추긴다. 송인한 연세대 사회복지대학원 교수 외 3명이 2016년 발표한 〈치매노인의 증상 정도가 부양자의 자살 생각에 미치는 영향에 대한 연구〉에 따르면, 치매 환자의 증상이 심해질수록 가족 관계가 악화될 뿐 아니라 부양자의 자살 생각도 심화시키는 것으로 나타났다.

실제 간병 범죄의 절반 이상이 치매 환자 가정에서 일어났다. 필자들이 2006년부터 2018년 8월까지 발생한 간병살인 108건을 분석한 결과, 사건 절반 이상(53.7%)이 치매 환자를 간병하는 과정에서 발생했다. 33.3%(36건)는 평소 피해자가 자신을 돌봐온 가해자에게 물리적 폭력이나 언어폭력을 행사한 정황이 있는 것으로 나타났다.

"아버지가 근거 없이 어머니의 외도를 의심하실 때 그게 치매 초기 증상이라는 걸 미리 알았어야 했어요. 좀 더 일찍 대처했다면 그런 일은 일어나지 않았을 거예요. 후회스럽죠."

아버지의 치매 증상으로 쓰라린 경험을 한 정범용(48세) 씨는 필자들과 만나 아픈 기억을 털어놓았다. 정씨 어머니 이선주(75세) 씨는 2011년 11월 남편의 머리를 변압기로 내려쳐 살인미수 혐의로 기소됐다. 남편의 의심과 폭력이 날로 심해지더니 급기야 추석 때 온 가족이 모인 자리에서 "네 엄마가 다른 남자와 놀아난다"며 한바탕 소란을 피운 것이다. 이씨가 물리치료를 받으러 가자 병원까지 찾아가 소동을 일으키기도 했다. 폭력적인 치매 남편과 사는 건 하루하루가 전쟁이었다. 그러다 한순간에 폭발한 것이다.

법정에 선 이씨는 "나는 이렇게 힘든데 아무 일 없었다는 듯 코를 골며 자는 남편이 치가 떨리게 미웠다"며 흐느꼈다. 국민참여재판 배심원들은 이씨가 살해까지 하려는 의도는 없었고, 남편을 헌신적으로 병수발해온 점을 참작해 집행유예가 적정하다고 의견을 모았다. 사건 이후 법원과 병원의 권유에 따라 정씨와 형제들은 아버지를 국립요양원으로 모셨다. 치매 초기 증상을 보이는 어머니는 서둘러 병원에 데려가 약을 복용시키면서 관리하고 있다.

"치매가 의심되면 무조건 검사를 받고 약을 드시도록 하는 게 첫째예요. 증상이 심해지면 요양원에 모시든 요양보호 지원을 요청하든 적극적으로 움직여야 해요. 가족이 직접 모셔야 자식 노릇 한다고 생각하는 분이 많지만 그게 최선은 아닐 수 있어요. 우리 가족이 혹독한 경험을 치르고서야 깨달은 거예요. 지금 두 분은 행복하세요."

간병살인, 154인의 고백

노인 10명 중 1명이 치매

가속화되는 고령화 속도에 따라 국내 치매 환자 수도 급격히 늘고 있다. 보건복지부 산하 중앙치매센터에 따르면 2017년 치매 환자 수는 72만 4857명이다. 65세 이상 노령 인구가 711만 8704명인 것을 고려하면 노인 10명 가운데 1명이 치매를 앓는 것이다. 2024년이 되면 치매 인구는 100만 명을 넘을 것으로 전망된다.

치매가 사회문제로 떠오르자 정부도 팔을 걷어붙였다. 2017년 9월 '치매국가책임제'를 선포하고 각 보건소에 치매안심센터를 설치해 상담과 조기 검진 등 초기 단계부터 관리하도록 했다. 또 공립요양병원 79곳을 중심으로 치매 전문 병동을 설치하고, 가벼운 치매 환자에게도 장기요양서비스를 확대해 가족들의 경제적 부담도 줄여줄 계획이다.

치매는 발병 초기 약물치료로 관리하면 발병을 늦추거나 병세를 완화할 수 있다는 게 전문가들의 공통된 의견이다. 하지만 국민 상당 수는 지원책과 대처 방안을 몰라 증세를 악화시키는 경우가 많다.

치매가 의심되면 가까운 보건소를 찾아 치매선별검사(1차)를 받는 것이 좋다. 만 60세 이상이면 무료다. 이어 치매진단검사(2차)와 치매감별검사(3차)를 진행할 경우 보건소 지정 병원을 가면 기준 중위소득 120퍼센트 이하 가구(4인 가구 기준 월 542만 3000원)는 검사비를 최대 8만 원(상급종합병원은 최대 11만 원)까지 지원받을 수 있다. 치매 진단을 받으면 '장기요양인정'을 신청해 등급에 따라 시설 입소나 방문서비스 같은 필요한 요양서비스를 받을 수 있어 간병 부담을 덜 수 있다.

치매 증상의 하나로 나타나는 의심, 망상, 폭력, 우울증 같은 이상행동증상Behavioral and Psychological Symptoms of Dementia, BPSD에 대해서는 그냥 넘길 것이 아니라 별도의 관리가 필요하다. 이상행동증상은 치매 환자의 80%에서 나타날 정도로 흔한 증상인데, 이 증상을 완화하려면 일반적인 치매 치료 외에 조현병 계통 증상의 치료가 병행되어야 하기 때문이다. 이를 일반적인 치매 증상으로만 생각하고 방치할 경우 환자의 상태가 악화되는 것은 물론이고 환자를 간병하는 가족까지 극심한 스트레스에 시달리게 된다. 나해란 여의도성모병원 정신건강의학과 교수는 "망상이나 배회 같은 이상행동이 나타나는 환자는 일반적인 치매 약만 먹는 경우가 많은데, 사실 BPSD는 별도의 약물치료가 필요한 증상"이라면서 "이 증상을 잘 감별하려면 보호자가 환자와 함께 병원을 방문해 정확하게 진단을 받아야 한다"고 조언했다.

치매 간이 검사

(오래전부터 대상자를 잘 알고 있는 사람이 체크해야 함)

10년 전과 비교할 때 차이가

전혀없다=0 조금있다=1 많이 있다=2 알 수 없다=9

① 며칠 전에 나누었던 대화 내용을 기억하나요?

② 최근 했던 약속을 기억하나요?

③ 최근 주변에서 일어났던 일을 기억하나요?

④ 가스불이나 전깃불을 켜놓고 끄는 것을 잊어버린 적이 있나요?

⑤ 새로 마련한 가전제품이나 기구의 사용법을 익히는 능력은 어
떤가요?

⑥ 자신의 위생을 관리하거나 외모를 가꾸는 정도는 어떤가요?

⑦ 중요한 제삿날이나 기념일(배우자 생일, 결혼기념일, 종교행사일) 등
을 기억하나요?

⑧ 거스름돈을 계산하거나 돈을 정확히 세서 지불하나요?

⑨ 이야기 도중 머뭇거리거나 말문이 막히는 것은 어떤가요?

⑩ 이야기 도중 물건 이름을 정확히 대는 정도는 어떤가요?

⑪ 가까운 사람(자식, 손자, 친한 친구 등)의 이름을 기억하는 것은 어
떤가요?

⑫ 가까운 사람에 관한 사항, 곧 사는 곳이나 직업 등을 기억하는 것
   은 어떤가요?

⑬ 자신의 주소나 전화번호를 기억하는 것은 어떤가요?

⑭ 전화, 가스레인지, 텔레비전 등 집안에서 늘 사용하던 기구를 다
   루는 능력은 어떤가요?

⑮ 어떤 옷을 입고 나갈지, 저녁식사에 무엇을 준비할지 같은 일상적
   인 상황에서 결정을 내리는 능력은 어떤가요?

$$\text{최종 점수} = \frac{9 \text{ 이외의 점수로 평가된 문항 수 점수의 합}}{9 \text{ 이외의 점수로 평가된 문항 수}} \times 15$$

-10점 이상: 치매 가능성이 높음

-4~9점: 치매는 아니더라도 치매 고위험 단계인 경도인지장애
   가 의심됨

출처 | 서울특별시 광역치매센터 홈페이지

폐지 줍는 노인이 전한 간병살인 참사

"아줌마 잘 있어? 나는 아직도 여기서 박스 줍고 있는데…, 아줌마는 안 아프고 천당에 잘 있는 거지?"

유난히 무더웠던 2018년 7월 경기도 안산시 한 다세대 연립주택 마당에서 만난 정종순(68세) 씨는 갑자기 하늘을 보며 이렇게 중얼거렸다. 폐지를 주우며 홀로 사는 정씨는 3년 전 이 동네에서 숨진 이선애(72세) 씨와 가장 가까운 사이였다. 폐결핵을 앓던 이씨는 2015년 2월 자신의 병수발을 들던 남편(74세)의 흉기에 찔려 숨을 거뒀다.

"저기 공원 의자에 앉아 그 아줌마(이씨)랑 이야기 많이 했지. 나보다 나이가 많으니 언니긴 한데, 그냥 아줌마라고 부르는 게 편하더라고. 지금도 저기 보면 아줌마 생각이 나. 나는 이 동네 온 지 한 10년 됐는데, 아줌마는 나보다 먼저 여기서 살고 있었어."

정씨 기억과 법원 판결문을 통해 이씨가 숨졌던 날로 돌아가보

자. 오전 6시. 이씨는 댓바람부터 짜증을 부렸다. 남편이 차려준 아침 식사가 맛없다는 게 이유였다. 결핵균이 몸속에 들어온 뒤 이씨는 극도로 예민해졌다. 그만큼 화내는 일이 잦아졌고, 다툼은 부부의 일상이 되었다.

그날은 유독 심했다. 실랑이 끝에 이씨가 남편의 옷을 찢으려는 등 날카로운 행동을 보이자 폭발한 남편은 부엌에서 칼을 가져와 이씨를 찔렀다. 이어 자신의 배와 가슴도 찔렀고 손목까지 그었다.

자살 시도 후 3시간 넘게 고통 속에서 신음하던 남편은 숨이 멎지 않자 수화기를 들었다. 그가 누른 번호는 '122'였다. 122는 지금은 없어진 해양사고 긴급 신고 전화다. 고통이 심해 경찰 신고 전화인 112를 잘못 누른 것이다.

"내가 아내를 죽였어요."

남편의 전화를 받은 해경은 경찰에 연락했고, 형사들은 비극의 현장에 도착했다.

"아줌마가 종종 '나 죽으면 문상 올 거야?'라고 했어. 그럼 나는 '이상한 소리 말고 오래 살아' 그랬지. 그런데 갑자기 돌아가셨다는 거야. 너무 놀랐어. 남편이 그랬다는 소리를 듣고는 무서워서 문상도 못 갔어. 편히 돌아가셨다면 내가 아무리 돈이 없어도 부조라도 하러 가지. 그 이후로는 아줌마 집 근처도 안 갔어."

당시 이씨 남편은 몸과 마음 모두 최악이었다. 뇌경색 후유증과 신부전증(신장장애)을 앓고 있었고, 불안장애와 수면장애에도 시달렸다. 우울증도 심했다. 현장에서는 "사는 게 힘들다. 아이들에게 미안하다"라고 적힌 메모가 발견됐다. 사건 직후 병원으로 옮겨 회복되었지만, 자해한 왼손 신경은 영구적으로 손상되고 말았다. 남편은 살인 혐의로 법정에 섰고, 징역 3년에 집행유예 4년을 선고받았다. 아픈 몸을 이끌며 아내 병수발을 든 점, 죄책감에 괴로워하는 모습이 참작된 것이다.

"아줌마랑 친했지만 한 번도 돈을 빌려달란 적은 없었어. 그런데 사건 나기 얼마 전 3만 원만 빌려달라고 하더라고. 나중에 생각해보니 병원비가 부족했었나봐. 아줌마가 병원 다녀와서 아저씨(남편) 통해 갚더라고. 아줌마랑 추어탕이라도 한 그릇 먹고 싶어서 그 돈 가지고 찾아갔더니 방에 못 들어오게 하는 거야. 거실에서 말하라고, 가까이 오면 옮는다고. 그때 결핵에 걸렸다고 말해줬어. 나올 때 3만 원을 다시 슬쩍 문갑에 올려놨지. 맛난 거 사 잡수시라고. 내가 본 아줌마 마지막 모습이야. 며칠 뒤 그 사건이 났거든."

정씨 말을 들어보면 이씨 부부는 금실이 좋았다. 항상 두 사람이 함께 마실을 나갔고, 정씨 집도 종종 찾았다. 직접 재배한 감자와 채소를 시장에서 팔며 생계를 꾸렸는데, 넉넉하진 않았지만 알뜰하게 살았다. 주말에는 분가한 아들 내외가 찾아와 화목한 시간을 보냈고, 아들 내외와 식사를 할 때는 종종 정씨도 초대했다.

이씨 부부가 주변에 도움을 청할 순 없었을까. 정씨는 고개를 저었다.

"아줌마 자존심이 얼마나 센데. 결핵 걸린 것도 나한테만 이야기했어. 동네 사람 아무도 그 사실을 몰랐지. 통장이 아줌마 돌아가시고 나서 그 사실을 안 뒤 '나한테 말하지 그랬냐'며 안타까워하더라고."

필자들은 남편을 만나려 했다. 하지만 사건이 났던 주소지에는 이미 다른 사람이 살고 있었다. 정씨는 "1~2년 전에 이사 간 걸로 안다"고 했다. 정씨는 남편과도 자주 인사를 나눴지만, 사건 이후로는 마주치지 않았다고 한다.

"아줌마가 몇 번이나 뻥튀기를 먹고 싶다고 했는데, 그거 한 바가지를 사주지 못한 게 지금도 마음에 걸려…."

주름진 눈가에 눈물이 고였다.

간병 5년, 쌓인 분노, 10배의 우울증

가족을 간병하는 사람 10명 중 6명은 우울증 치료가 필요한 것으로 나타났다. 일반 사람보다 10배 이상 높은 비율이다. 특히 간병 기간이 5년을 넘거나, 월 소득이 300만 원 이하일 때 우울감을 호소하는 사례가 큰 폭으로 늘어났다.

필자들이 한국치매협회, 뇌질환환우모임과 함께 가족 간병 중인 292명을 대상으로 우울증 자가진단을 실시한 결과다. 가족 간병인의 정신건강에 관심을 두지 않으면 간병살인이나 동반자살 같은 극단적 결과를 부를 수 있다는 게 전문가들의 우려다.

필자들은 진단 도구로 PHQPatient Health Questionnaire-9를 사용했다. 보건복지부가 매년 발간하는 〈국민건강영양조사〉에서 우울장애 여부를 측정하는 도구다. 미국과 유럽에서도 널리 활용되고 있다. 총 9가지 질문에 어떻게 답하는지에 따라 0~27점으로 채점된다. 우

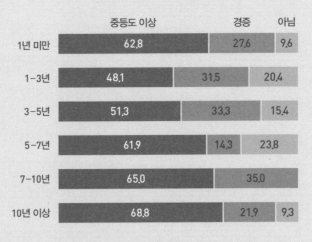

간병 기간에 따른 우울 정도(단위: %)

	중등도 이상	경증	아님
1년 미만	62.8	27.6	9.6
1-3년	48.1	31.5	20.4
3-5년	51.3	33.3	15.4
5-7년	61.9	14.3	23.8
7-10년	65.0	35.0	
10년 이상	68.8	21.9	9.3

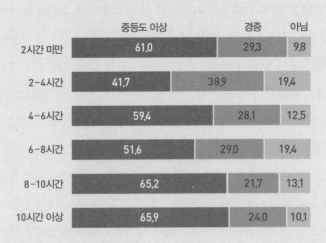

하루 간병 시간에 따른 우울 정도(단위: %)

	중등도 이상	경증	아님
2시간 미만	61.0	29.3	9.8
2-4시간	41.7	38.9	19.4
4-6시간	59.4	28.1	12.5
6-8시간	51.6	29.0	19.4
8-10시간	65.2	21.7	13.1
10시간 이상	65.9	24.0	10.1

출처 | 〈서울신문〉

간병살인, 154인의 고백

울증 아님(0~4점), 경증(5~9점), 중등도(10~14점), 중증(15~19점), 심함(20~27점) 등 5가지로 구분되는데, 중등도 이상이 나오면 우울증이 심하다고 판단해 상담치료나 약물치료를 권고한다.

진단 결과 가족을 간병 중인 사람의 59.9%(175명)가 중등도 이상인 것으로 나타났다. 중증(15.1%·44명)과 심함(16.8%·49명)까지 포함해서다. '우울증 아님'과 '경증'은 각각 12.7%, 27.4%에 그쳤다. 이는 일반인과 비교해 매우 높은 비율이다. 복지부가 2016년 일반인 5761명을 대상으로 실시한 진단에서는 5.6%만이 중등도 이상인 것으로 집계됐다. 가족 간병인의 경우 일반인보다 중등도 이상 비율이 무려 10배 이상 높은 셈이다. 가족이 아프면 다른 가족 구성원 역시 큰 심적고통을 겪고, 간병에 따른 엄청난 스트레스를 받는 것이다.

특히 간병 기간이 5년을 넘으면 우울증 가능성이 크게 높아졌다. 간병 기간 '1~3년'과 '3~5년'에서 '중등도' 이상의 비율은 각각48.1%와 51.3%로 나타났다. 전체 평균(59.9%)을 밑돈다. 하지만 간병 기간 '5~7년'은 이 비율이 61.9%로 10% 포인트 이상 올라갔다. '7~10년'(65.0%)과 '10년 이상'(68.8%)은 더 높은 비율을 보였다. 간병을 시작한 지 얼마 되지 않은 '1년 미만'(62.8%)도 높았는데, 아직 간병에 익숙하지 않아 스트레스가 심하거나 가족이 아프다는 충격에서벗어나지 못했기 때문으로 해석된다.

정형선 연세대 보건행정학과 교수는 "가족 간병은 육체는 물론정신적으로도 극심한 피로를 일으키고, 직장생활에도 영향을 끼쳐소득 감소로 이어지는 등 전방위적인 압박이 된다. 가족 간병인의 우울증이 일반인보다 월등히 높은 건 전혀 이상하지 않은 일"이라고 진단했다.

2017년 대구에서 치매에 걸린 남편(75세)을 흉기로 찌른 이연순(74세) 씨는 간병 과정에서 극심한 스트레스를 받은 경우다. 남편은 2012년부터 치매를 앓아 이씨가 5년 넘게 돌봤다.

"요양병원 갈라케도 안 간다 카제. 그래 정 가기 싫으믄 내가 델꼬 있자 했지. 거울에 자기 얼굴 비치면 '이 새끼' 하면서 주먹으로 깨 버리는 기라. 집에 있는 거울을 싹 다 치웠제. 내한테 욕하고 때리고…. 원래는 안 그랬다. 색시처럼 얌전했는데…. 다른 할마이들이 남편 치매 걸렸다고 할 때는 그런갑다 켔지. 내가 안 겪을 때는 몰랐는데, 직접 간병해보이 정말 환장하겠더라. 못난 꼴만 봐야 하고."

이씨 남편은 아침만 되면 밖으로 나가자고 보챘다. 여행 갈 형편이 안 되는 이씨가 할 수 있는 건 남편과 함께 지하철을 타는 것뿐이었다. 5년간 하루도 거르지 않고 하루 8시간 이상 지하철을 탔다고 한다. 당뇨병과 우울증, 불면증을 앓는 이씨에게는 쉽지 않은 일이었다.

"대구에 지하철이 3호선까지 있는데, 안 가본 역이 없다. 둘이 나란히 앉아 있으니 남들 보기에는 '나이 들어서도 정이 좋다'고 생각했겠지…."

그런데 그날은 눈이 뒤집혔다. 이씨는 수면제를 먹고 자는 남편을 찌르고서 자신의 배를 찔러 목숨을 끊으려 했다. 다행히 함께 사는 딸에게 발견돼 둘 다 목숨을 건졌다. 이씨는 살인미수 혐의로 징역 2년 6개월에 집행유예 4년을 선고받았다. 남편은 요양시설에서 머물다

그해를 못 넘기고 작고했다. 간병 기간 가장 어려웠던 걸 묻자 이씨는 "그냥 다 힘들었다. 이미 지나간 일 되씹기 싫다"며 고개를 내저었다.

주변의 도움을 받을 수 없는 이른바 '독박간병'인 경우 우울감은 한층 심해진다. 우울증 자가진단에서 아픈 가족을 홀로 돌보는 사람은 64.7%가 '중등도' 이상으로 나타났다. 반면 다른 가족의 도움을 받거나 사설 간병인을 쓰는 경우는 56.6%에 머물렀다. 환자를 하루 몇 시간 돌보느냐도 가족 간병인의 정신건강에 영향을 끼친다. '10시간 이상'(65.9%)과 '8~10시간'(65.2%)의 경우 셋 중 둘이 우울증 치료가 필요한 것으로 나타났지만, '2~4시간'은 41.7%에 그쳤다.

간병의 고통에 경제적 어려움까지 더해진 경우는 우울증 위험이 훨씬 높다. 월 소득 200만 원 이하에서는 68.4%가 '중등도' 이상이었고, 특히 '심함'이 25.3%에 달했다. '심함'으로 판정된 사람은 즉시 약물치료를 시작하는 등 적극적인 치료가 필요하다. 그렇지 않으면 극단적인 선택을 할 우려가 있다. 월 200~300만 원 역시 '중등도' 이상이 64.4%로 전체 평균을 웃돌았다. 반면 월 300~400만 원(51.0%)과 400~500만 원(57.1%), 500만 원 이상(36.7%)은 상대적으로 낮았다.

'장애(자폐, 뇌병변 포함)' 환자를 돌보는 이는 정신건강이 가장 좋지 않았다. '중등도' 이상의 비율이 무려 76.8%에 달했다. '암'(65.5%), '뇌혈관질환'(57.3%), '치매'(52.7%), '사고 후유증'(52.6%)은 다른 질환보다 월등히 높다. 환자의 질환을 '장애'라고 답한 사람은 대부분 자녀를 돌보는 이들이다. 자녀가 아프면 부모의 정신건강 역시 심각하게 위협받는 것이다.

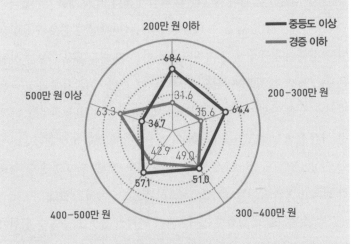

소득 수준에 따른 우울 정도(단위: %)

200만 원 이하

── 중등도 이상
── 경증 이하

68.4

31.6

200-300만 원

500만 원 이상

63.3

36.7

35.6

64.4

42.9

49.0

57.1

51.0

400-500만 원

300-400만 원

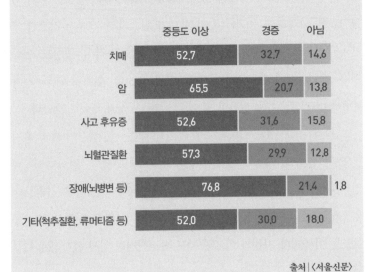

환자 질환에 따른 우울 정도(단위: %)

	중등도 이상	경증	아님
치매	52.7	32.7	14.6
암	65.5	20.7	13.8
사고 후유증	52.6	31.6	15.8
뇌혈관질환	57.3	29.9	12.8
장애(뇌병변 등)	76.8	21.4	1.8
기타(척추질환, 류머티즘 등)	52.0	30.0	18.0

출처 |〈서울신문〉

임명호 단국대 심리학과 교수는 "가족 간병인의 실제 우울감은 자가진단 측정이나 보통의 다른 우울증 환자보다 훨씬 심각한 경우가 많다. 환자 못지않게 국가가 관리하고 도움을 주지 않으면 극단적인 선택을 할 가능성이 있다"고 우려했다.

치매 할머니는 그날 일을 기억하지 못했다

2016년 6월 노부부와 아들 내외, 손자까지 3대가 함께 사는 경기도 한 아파트에서 안타까운 사건이 발생했다. 88세의 할아버지가 치매에 걸린 82세 할머니의 목을 조른 것이다. 맞벌이 부부인 아들 내외가 출근하고, 손자도 학교에 간 오전 시간 벌어진 일이었다. 그나마 다행인 건 할아버지가 결국 손에 힘을 풀어 할머니가 해를 입진 않았다는 점이다.

하지만 가족들이 받은 충격은 컸다. '노-노 간병'의 암울한 현실을 보여준 또 하나의 사건이었다. 이 사건이 앞서 다룬 노-노 간병살인 (미수 포함)과 달랐던 건 3대가 한 지붕 아래서 사는 전통적인 가족 형태에서 발생했다는 것이다. 그간 필자들이 접했던 노-노 간병살인은 대부분 노부부 두 사람만 사는 가정에서 일어났다.

필자들은 어떤 사정이 있었는지 듣기 위해 할아버지 집을 찾아

갔고, 며느리를 만날 수 있었다. 다만 며느리는 필자들을 직접 만나는 건 거절하고 전화로만 이야기하기 원했다.

당시 필자들과 며느리가 나눴던 대화 내용을 그대로 소개한다. 며느리가 전하는 말 속에서 당시 할아버지의 심정을 어렴풋이 엿볼 수 있기 때문이다.

시어머니의 치매 증상이 심했나요?

처음부터 증상이 심했던 건 아니었어요. 그런데 사건이 일어나기 한 1년 6개월쯤 전이었을까요. 어머님이 뇌종양 판정을 받았어요. 어머님이 갑자기 눈에 검은 점과 벌레가 보인다고 하더라고요. 귀에서 이상한 소리가 들린다고도 하고. 그래서 병원에 갔더니 이미 뇌종양 말기라고 하더군요. 어떻게 손 쓸 수도 없는 상황이라고…. 그 이후 치매 증상도 심해졌어요.

시어머니 간병은 계속 집에서 했나요?

처음 뇌종양 판정을 받았을 때는 사설 요양시설에 모셨어요. 그런데 사건이 벌어지기 얼마 전 어머님이 급성 폐렴에 걸려 다시 집으로 모셔왔어요.

간병 중 가장 힘들었던 점은요?

뇌종양으로 치매 증상이 심해지면서 밤에 문을 열고 밖으로 나가시더라고요. 그러면 온 가족이 난리가 났죠. 그래서 나중에는 열쇠공을 불러 잠금장치를 어머님 키가 닿지 않는 높은 곳에 설치했어요. 대소변도 못 가리셨고….

시아버지께서 특히 간병 스트레스가 많았을 것 같아요.

저와 남편은 직장에 가야 하니 평일 낮에는 아버님이 어머님을 보살필 수밖에 없는 상황이었어요. 사실 아버님도 위암 환자였어요. 위를 절제하는 수술을 받았고, 몸이 굉장히 안 좋은 상태셨죠. 음식을 제대로 드시지 못해 몸무게가 35킬로그램에 불과했어요. 그런데 어머님은 74킬로그램 정도 됐죠. 어머님이 이상행동을 하셔도 아버님이 체격적으로 감당할 수 없는 상황이었어요. 어머님 증상은 심각해 가족 모두 극심한 스트레스를 받고 있던 중 사건이 벌어졌고요.

사건 이후 가족 모두 상심이 컸을 것 같아요.

어머님은 치매가 워낙 심해서 사건 자체를 인지하지 못하셨어요. 무슨 일이 있었던 건지 기억을 못 하시는 거죠. 사건 후 어머님은 다시 요양시설로 모셨어요. 얼마 뒤 결국 뇌종양으로 돌아가셨죠. 아버님은 심한 죄책감에 시달리셨는데, 밤에 혼자 우시는 등 우울증이 심해져서 심리치료를 받으셨고요. 지금은 아버님도 치매 증상이 나타나 요양시설에 계십니다.

가족 간병인들의 부담을 덜기 위해 필요한 게 뭐라고 생각하세요?

노인장기요양보험제도를 통한 재가보호서비스(요양보호사가 집으로 찾아오는 제도)는 잘 구축돼 있어요. 하지만 이용할 수 있는 시간이 하루 3~4시간에 불과하더라고요. 결국 나머지 시간은 가족이 간병에 매달려야 합니다. 재가보호서비스보다는 정부가 운영하는, 환자를 믿고 맡길 수 있는 요양시설이 많아졌으면 좋겠어요.

할아버지는 할머니의 목을 조르다 어느 순간 이성을 되찾았지만 법의 심판을 피할 순 없었다. 살인미수 혐의로 기소돼 법정에 섰다. 검찰은 공소장에서 할아버지가 범행을 저지른 이유에 대해 "할머니가 대소변을 가리지 못하고 사람을 알아보지 못하며 자신을 잡아 뜯는 등 힘든 상황이 계속되자, 순간적으로 할머니의 생명을 더이상 연장시킬 필요가 없다는 생각을 했다"고 기재했다.

대법원이 마련한 양형기준 권고안에 따르면 최대 4년의 징역형을 선고할 수 있는 범죄였다. 하지만 재판부는 징역 1년 6개월에 집행유예 2년을 선고하는 것으로 마무리했다. 재판부는 할머니의 치매 증세가 악화되면서 가족을 알아보지 못하고 집에서 자신을 간병하던 할아버지를 폭행하는 등 고령인 할아버지가 할머니를 돌보는 데 상당한 어려움을 겪었던 것으로 보이는 점, 범행으로 할머니 생명에 특별한 위험이 초래되지 않은 점, 할아버지가 수사기관과 법정에서 범행을 모두 인정하며 반성하고 있는 점, 할아버지가 아무런 전과가 없는 점을 감안해 형을 선고했다고 밝혔다.

목조름 38%, 감정 뒤엉킨 간병살인,
흉기 사용 많은 일반 살인과 달라

"정신병원? 너나 가라!"

이 말이 도화선이 됐다. 20년 가까이 정신질환에 시달리던 아내에게 이 말을 들은 김수창(65세) 씨는 간병하면서 힘들었던 순간들이 한순간 복받쳐 올랐다. 회한과 비관, 낙담, 분노 같은 복합적인 감정에 휩싸였다. 김씨는 2018년 2월 19일 아내를 강제로 병원에 입원시키느니 죽이는 게 낫겠다고 생각해 아내의 목을 졸랐다.

2006년부터 2018년 8월까지 발생한 간병살인 판결문 108건 분석에 따르면, 살해 수법으로 목조름 방식이 41건(38.0%)으로 가장 많았다. 주먹 등으로 가한 폭행이 23건(21.3%), 망치 등 둔기 사용이 19건(17.6%), 칼 같은 날카로운 흉기 사용이 9건(8.3%)으로 그 뒤를 이었다. 이 밖에 치료 방치가 5건(4.6%), 번개탄 사용, 인공호흡기 차단, 수면제 사용 등이 2건(1.9%)씩 있었다.

이에 반해 전체 살인사건 중에서는 칼 같은 날카로운 흉기 사용이 가장 많았다. 한국형사정책연구원이 1997~2006년 발생한 살인사건을 분석한 〈살인 범죄의 실태와 유형별 특성〉에 따르면, 범행 도구 가운데 칼 같은 날카로운 것이 39.0%로 가장 많았고 손, 발 같은 신체 사용이 18.8%, 둔기가 13.6%, 끈이나 줄이 10.7%였다.

이런 차이를 두고 범죄심리 전문가들은 가해자와 피해자가 주고받았던 복잡한 감정에 주목했다. 일반 살인사건에 비교하기 힘들 정도로 간병살인에는 오랜 기간 형성된 다양한 감정이 복잡하게 얽혀

간병살인, 154인의 고백

있다는 것이다.

배상훈 서울디지털대 경찰학과 교수는 "간병살인처럼 살인 후 자살을 선택하는 가해자들은 범행 과정에서 피해자의 눈을 보고 감정을 교감할 수 있는 액사(손으로 목을 조름) 방식을 택하는 경우가 많다. '나도 할 만큼 했다' '최선을 다했다'는 체념의 표현일 수 있으며 오랫동안 정서적 관계를 맺은 피해자와 일종의 작별인사 차원에서 상대방의 얼굴을 볼 수 있는 목조름 방식을 택한 것으로 보인다"고 설명했다.

간병살인에서 망치나 칼로 피해자를 살해한 경우도 26.6%였는데, 이를 분노 감정의 폭발 때문이라고 보는 견해도 있다. 공정식 경기대 범죄심리학과 교수는 "간병살인에 간병 과정에서 일었던 분노가 반영된 것은 사실이다. 신체적으로 약한 이들을 살해할 때 목조름 방식이 많이 사용되는데, 칼이나 둔기를 사용해 살해하는 것은 간병인의 분노가 일정 정도 표출된 것으로 봐야 한다"고 분석했다.

4장

장애인 간병

발달장애인 자녀를 둔 부모 4명 중 1명은 자녀를 돌보느라 한 달에 한 번도 여가활동을 하지 못하는 경우가 많다. 자녀 돌봄으로 인한 사회적 단절은 고립감을 심화시키고 우울증을 키워 결국에는 극단적인 상황으로 이들을 이끈다. 장애인 가족들에 대한 정부 차원의 관리와 지원이 필요한 이유다. 그러나 문제 해결을 위한 정부의 대책은 희망고문이기 일쑤다. 당사자들에게 필요한 것은 허울뿐인 정책 구호가 아니라 실제적인 지원과 진심 어린 관심이다.

장애 아들 돌본 40여 년, 살아도 산 게 아니었어

그날 힘없이 무너져내린 건 아들의 몸뚱이만이 아니었다. 허강원
(73세) 씨의 실낱같은 희망도 함께였다. 발달장애(지적장애 1급·다운증후
군)로 키가 150센티미터에서 멈춰버린 불혹의 나이인 큰아들은 절뚝
거리긴 했지만 걸어는 다녔다. 아들이 혼자 걷는다는 건 그 이상의 의
미였다. 대소변을 혼자서 가리고, 밥이 있는 곳까지 이동할 수 있다
는 것이었다. 노부부가 감당할 수 있는 돌봄의 한계치이기도 했다. 허
씨는 여느 날과 다름없이 "밥 먹자"고 큰아들을 불렀다. 그런데 큰아
들은 기우뚱하더니 서지 못하고 엎드린 채 식탁으로 기어 오기 시작
했다. 역설적이게도 그 순간 밤잠 못 이루며 끙끙댔던 고민이 명쾌해
졌다.

'그래, 같이 죽자.'

허씨는 집 안방에서 자던 큰아들(41세)의 머리를 망치로 내

리쳤다.

"지나고 보니 사는 게 늘 그늘이었어. 안 해본 사람은 몰라. 간병이라는 게 매스컴에 나오는 그런 것과는 많이 달라."

유난히 태양이 뜨겁던 2018년 7월 31일, 필자들은 허씨를 그의 집 앞에서 마주했다. 한낮 온도가 37도까지 올라가 7월 들어 가장 높은 기온을 기록한 날이었다. 혹시나 이사를 간 건 아닐까 걱정했지만 기우였다. 사건이 발생한 지 3년이 흘렀는데도 그는 여전히 그곳에 살고 있었다. 세상과 등진 그의 삶은 크게 달라진 게 없어 보였다. 그는 "이젠 눈에 보이지 않잖아. 노력도 많이 했고…. 지나간 일이니까"라며 애써 태연한 척했다. 긴 설득 끝에 그의 집 앞에서 지난 삶에 대해 들을 수 있었다. 그는 지나간 일이라면서, 이제는 눈에 보이지 않는 일들이라면서 얘기하고 싶지 않다고 했지만, 필자들의 질문에 대답을 멈추지 않았다. 마치 하고 싶었던 이야기가 있었던 사람처럼 무더운 여름날 한 시간 넘게 그는 마음속 깊숙이 간직한 이야기를 꺼내놓았다. 아내는 서울 강남구의 한 빌딩에 청소일을 하러 갔고, 작은아들은 결혼 후 따로 살고 있어 때마침 그는 혼자였다. 쓴웃음을 짓는 노인의 얼굴에는 사람에 대한 그리움도 내려앉아 있었다.

"그래, 그때 예감했어. 차라리 죽었어야 했어."

큰아들은 아내가 임신한 지 9개월째 되는 날 태어났다. 병원에 갔지만 수술할 돈이 없어 그냥 나와야 했다. 아내와 공장 기숙사에 함께 살 정도로 가난했던 허씨는 할 수 없이 산파에게 부탁했다. 아이는 힘들게 엄마의 자궁 밖으로 나왔지만, 한동안 숨을 쉬지 못했다. 울어야

숨을 쉴 수 있다는데 울지도 않았다. 당황한 산파는 도망갔고, 아내가 급한 마음에 아이의 발을 잡고 들어 올려 엉덩이를 때렸다. 기적처럼 큰아들은 울음을 터뜨렸다. 겨우 살아났지만 아이는 약했다. 갑자기 숨을 쉬지 않는 등 죽을 고비를 수차례 넘겼다. 다섯 살이 됐지만 서지 못했다. 다운증후군, 지적장애 1급이라고 했다. 그렇다고 아이를 어디에 버릴 수도 없는 노릇이었다. 그냥 키워야 했다.

"요즘 눈으로 생각해보면 장애를 가진 아이 키우는 게 짜증 날 일은 아니잖아. 근데 사는 재미가 없었어. 희망이 조금이라도 있어야 하는데, 그게 없었지."

허씨는 강원도 대관령에서 나고 자랐다. 스물다섯이 되었을 때 경기도 동두천에 있는 미군부대에서 군생활을 했고, 전역한 뒤에는 서울에 정착했다. 스물여덟에 아내와 혼인해 다음 해 큰아들을 가졌다. 허씨 아버지는 막대한 부를 쌓았지만, 큰형이 재산을 탕진하는 바람에 물려받은 게 없다고 했다. 시골에서 막 상경했기에 더욱 가진 게 없었다. 찢어지게 가난했다는 표현이 더 정확했다. 처음에는 서울 중랑구 근처 면도칼 공장에서 일했는데 벌이가 시원치 않았다. 가진 기술이 없으니 막노동이나 다름없었다. 없이 살았지만 큰아들의 장애가 회복될 거라는 희망은 버리지 않았다. 집 근처에 장애인 특수학교가 없어 수소문 끝에 인천 부평에 있는 학교에 보냈다. 그때만 해도 먹고 살기 어렵다는 이유로 적지 않은 부모들이 발달장애 아동의 교육을 포기하던 때였다.

10개월쯤 지나서였을까. 특수학교를 찾아가 선생님에게 식사를 대접했다. 괜한 희망이 마음에서 꿈틀거렸다. 조금이라도 나아지는 게 있느냐고 물었다. 그러나 대답은 야속했다. "나아지는 게 없다"는 것이었다. 이 말에 작은 희망은 사그라들고 말았다. 없는 살림에 매달 쌀 한 가마니 값을 치러가며 학교를 보냈는데 그럴 이유도 이제 사라진 것이다.

'발달장애는 질병과 달리 낫지 않는다.'

이 사실을 모르는 부모는 없다. 머리는 알지만 가슴은 이해할 수 없었다. 첫 겨울방학을 기점으로 아이는 집으로 돌아왔다.

첫째가 잘하는 건 집에서 텔레비전 보기였다. 뭐가 그리 재미있는지 텔레비전을 틀어주면 온종일 봤다. 말은 대충 알아들었고 간신히 똥오줌은 가렸다. 그러나 거기까지였다. 아이가 흘린 김칫국물을 닦고, 국물이 묻은 옷을 벗기고, 발버둥 치는 몸을 씻기는 일은 40여 년을 해도 즐겁지 않았다. 큰아들을 돌보느라 나들이 한 번 제대로 가본 적이 없었다. 아이를 돌봐야 했기에 퇴근 후에도 직장 동료나 친구들과 어울리지 못했다. 큰아들이 어렸을 때는 집에 놀러 오는 사람이 있었지만, 아이가 성인이 되고 나서는 이웃도, 친구도 모두 사라졌다.

"또래들이 태권도복 입고 태권도장 가는 모습을 보잖아요. 우리 아이는 제대로 걷지도 못하고 찔찔찔 하는데, 사람 눈 뒤집히지… 행복할 수가 있나."

그러다 우울증이 찾아왔다. 술만 마시면 눈물을 흘리며 스스로 비관했다. 그러다 어느 순간 남들한테 추한 꼴 보이면 안 되겠다 싶어 술도 담배도 끊었다. 이게 벌써 수십 년 전이다. 언제나 단정하게 보이려고 했지만, 남들은 늘 추하게만 보는 것 같았다. 사실 큰아들 밥 차려주고 거두는 건 힘들지 않았다. 그냥 큰아들을 바라보는 것 자체가 스트레스였다. 공원에 가서 사람들과 대화하다 보면 그 끝은 늘 아들, 딸, 며느리 이야기로 이어졌다. 그럴 때마다 허씨는 할 얘기가 없어 소심해졌다. 실제로 그는 인터뷰 내내 모든 게 자기 탓이라고 자책했다. 자기가 못나서, 가진 게 없어서 그런 것이라고. 우울증은 착한 사람들이 걸리는 병이라는데, 허씨를 보고 하는 말 같았다.

다섯 살 터울인 작은아들에게도 형은 굴레였다. 이를 지켜보는 허씨 마음은 미어졌다. 허씨는 둘째가 불행했을 거라고 했다. 형이 발달장애를 겪다 보니 가족이 화기애애했던 적이 없었다. 실제로 둘째는 장애가 있는 형 때문에 파혼을 당했다. 부모가 죽고 없으면 형을 돌볼 가족은 동생뿐이지 않느냐며 상대 부모가 반대한 것이다. 이를 지켜봐야만 했던 허씨 심정은 어땠을까. 그에게 둘째도 눈에 넣어 아프지 않을 아들이었다.

"부모 모임도 여유 있는 사람들이나 가는 거야."

그는 인터뷰 도중 자주 엄지와 검지를 말아 쥐었다. 돈을 뜻하는 손짓이었다. 결국 돌봄 노동에서 벗어나고자 아이를 센터에 보내는 것도, 사람들과 어울리는 것도 경제적 기반이 필요하다는 의미였다. 허씨 내외는 경제적으로 늘 허덕였다. 맞벌이를 해봐야 시원치 않았다. 아내는 아이를 낳고 빌딩 청소일을 했고, 허씨는 여러 공장을 전전하다가 60세에 환경미화원을 끝으로 은퇴했다. 현재 수입은 100만 원 남짓이라고 했다. 이후 빌딩 경비 일도 했지만, 2교대 근무 탓에 큰아들을 돌봐줄 사람이 없어 오래 하진 못했다.

"밥 먹다가 숟가락을 딱 떨어뜨렸어."

그 사건이 발생하기 약 1년 전 허씨는 뇌출혈 선고를 받았다. 식사를 하다가 손에 힘이 없어 자기공명영상MRI을 찍었더니 뇌경색이 발견된 것이다. 이미 고혈압과 협심증, 류머티즘관절염, 척추디스크, 수면장애를 앓고 있었지만 뇌출혈은 느낌이 달랐다. 곧 죽을 거라는 예감이 들었다. 큰아들은 누가 돌봐야 할지 걱정부터 앞섰다. 그때 잘못된 생각이 들었다. 큰아들과 함께 죽는 게 모두를 위해 최선이 아닐까 하는 믿음도 생겼다. 고민이 깊어질 무렵, 걷지 못하는 아들의 모습을 보았고, 삶과 죽음의 경계에서 팽팽하던 긴장의 사슬은 툭 끊어졌다.

(유서 전문)

아들을 망치로 내리쳤소. 규남이는 내가 데리고 갑니다. 정선희 당신을 만나 한평생 잘 지냈소. 규남이에게는 입이 열 개여도 할 말이 없소이다.

2015년 4월 15일 새벽 6시쯤, 아내가 일 나간 것을 확인하고 허씨는 망치로 아들의 머리를 힘껏 내리쳤다. 회한이 몰아치기 전에 유서를 썼다. 그리고 미리 준비한 수면제 수십 알을 들이켰다. 정신을 잃기 전에 아파트 복도로 나가 밖으로 뛰어내리려고 했다. 중간쯤 갔을까. 허씨는 그 자리에서 쓰러지고 말았다. 그렇게 질긴 목숨은 끝나지 않

간병살인, 154인의 고백

왔다. 일을 마치고 돌아온 아내가 남편을 발견했고 곧바로 병원으로 옮겼다. 허씨는 3일간 혼수상태를 오갔지만 끝내 깨어났다.

둘째아들의 신고를 받고 현장에 출동한 경찰은 일반 변사사건이 아님을 직감했다. 범죄 혐의를 확인하는 과정에서 허씨가 아들을 죽였다는 점이 확인됐다. 경찰은 허씨가 깨어나기를 기다렸고, 담당 의사의 소견대로 허씨의 안정을 위해 병원에서 직접 조사했다. 물론 이때만 해도 허씨는 입에 호스를 꽂고 있어서 정확한 진술을 할 수 없었다. 아들을 죽였느냐는 경찰의 물음에 허씨는 혐의를 모두 인정했다. 몸이 나아지고 본격적인 경찰조사가 시작되면서 허씨는 사건 경위에 대해 털어놓았다. 허씨는 조사에서 이런 이야기도 했다.

"다시 내가 그때로 돌아간다고 해도 똑같이 했을 거요. 지금 생각해도 내 결정이 틀린 것 같지 않습니다. 내가 죽고 나면 큰애를 누가 책임질 수 있소? 멀쩡한 둘째라도 자기 생을 살아야 하지 않겠소."

법원은 2015년 8월 4일 허씨에게 징역 3년에 집행유예 5년을 선고했다. 살인 혐의임을 고려하면 파격적인 형량이었다. 법원은 허씨가 지적장애를 가진 아들을 수십 년간 정성 들여 보살펴온 것을 인정했다. 고령에다 지병이 있고, 남은 가족을 생각해 맏아들을 살해했다는 점, 또 범행 후 함께 죽으려 한 점, 허씨 가족이 선처를 간절히 바라는 점, 허씨에게 범죄 전력이 없다는 점이 참작됐다. A4용지 네 장 분량의 판결문에는 그의 고뇌와 고통, 삶의 회한이 너무나 건조한 법률 용어로 적혀 있었다.

구치소에서 나온 허씨는 여전히 그 집에서 산다. 그는 돈 때문에 큰아들을 마음껏 가르치지 못한 게 한이 된다고 했다. 그래서 많지 않지만 월 1~2만 원씩 발달장애 아동단체에 기부금을 낸다. 타인의 고통은 내 고통에 비례해 보인다 했던가. 그는 지금도 길가에서 만나는 발달장애인들을 보면 가슴이 저린다. 허씨 사건을 담당했던 경찰은 필자들에게 이렇게 고백했다.

"허씨 사건을 조사하면서 공감되는 부분이 많았습니다. 어려운 환경이잖아요. 허씨가 저지른 범죄에 대해서는 도의적으로 비난할 수 있겠지만, 그런데 저는 잘 모르겠어요. 허씨를 무턱대고 비난할 수만은 없을 것 같아요. 누가 이 아버지에게 돌을 던질 수 있겠습니까. 40년 가까이 키운 아픈 아들이 밥 먹으라는 말에 기어 오는 것을 본 허씨 심정을 이해한다면, 결코 그를 비난할 수 없을 겁니다."

명절·가정의 날 발생하는 간병살인

2018년 2월 19일, 2016년 5월 10일, 2014년 9월 8일, 2011년 5월 5일….

각각 간병살인이 발생한 날짜다. 설 또는 추석, 가정의 날(어린이날, 어버이날) 기간이거나 직후라는 공통점이 있다. 2006년부터 2018년 8월까지 간병살인으로 선고가 난 법원 판결문 108건을 분석한 결과에 따르면, 20건(18.5%)이 명절 연휴 또는 가정의 날과 맞닿아 있었다. 가족이 모여 웃음꽃을 피우는 날이 가족을 간병하는 이들에게는 오히려 극단적 선택을 하는 방아쇠가 된 것이다.

공정식 경기대 범죄심리학과 교수는 "다른 가족과 떨어져 단절된 삶을 살다 오랜만에 만나게 되면 그간 쌓인 감정이 한꺼번에 폭발하기도 한다"면서 "간병 가족의 경우 명절이 그런 발화점이 될 수 있다"고 분석했다.

2014년 추석(9월 8일)이었다. 대체휴일제 도입으로 주말을 포함해 닷새간 비교적 긴 연휴가 이어졌다. 초등학교 교장으로 정년퇴임한 문상현(73세) 씨는 대구 집에서 귀성한 자녀들과 오붓한 시간을 보냈다.

자녀들이 돌아간 밤 11시. 문씨는 잠든 아내(70세)를 애잔하게 바라봤다. 27년 전부터 파킨슨병을 앓은 아내는 증세가 심해져 숟가락조차 혼자 들지 못했다. 제대로 걷는 것도 힘들어 누가 부축하지 않으면 외출할 수조차 없었고, 대소변을 가리지 못해 기저귀와 실내 변기를 이용했다. 잠깐이라도 문씨가 곁에 없으면 매우 불안해하고 화를 냈다. 밤에도 자지 않고 문씨에게 계속 말을 걸어 잠을 설치게 했다. 자녀들과 상의해 요양시설로 보내려 했지만, 아내는 강하게 거부했다. 아내를 위해 요양보호사 자격증까지 딴 문씨였지만 길어지는 간병에 서서히 지쳐갔다. 문씨마저 뇌경색을 앓게 됐고, 한계에 다다랐다는 좌절감에 빠져 지냈다. 심한 우울증과 원인을 알 수 없는 두통이 그를 괴롭혔다.

문씨는 공구함에 있던 둔기를 가져와 아내의 머리를 내리쳤다. 아내가 깨어나 "왜 그러냐"고 울부짖었지만, 문씨는 눈을 질끈 감았다. "여보, 함께 가자. 더 있어 봐야 애들한테 부담만 돼"라고 절규하며 입과 코를 막았다. 아내가 숨을 거둔 뒤에는 자신의 머리를 스스로 내리쳤다. 더 내리칠 힘이 없자 이미 싸늘한 시신이 된 아내 곁에 누워 죽음을 기다렸다.

문씨는 다음 날 정오쯤 큰아들에게 발견됐다. 당시 문씨 부부는 이사를 앞두고 있었고, 큰아들이 짐 싸는 걸 돕기 위해 찾아왔던 것이다. 문씨는 넋 나간 사람처럼 아내가 쓰던 실내 변기에 앉아 있었다고 한다. 문씨는 급히 병원으로 이송돼 치료를 받았다.

문씨는 경찰에서 범행을 모두 시인했다. 추석 연휴 때 마지막으로 자식들을 보고 동반자살을 결심했다고 털어놓은 문씨는 자녀들에게 "미안하다. 너희 엄마와 함께 가려다 이리 됐다"며 고개를 숙였다. 자녀들은 "아버지가 살인을 저질렀다니 믿을 수 없다"며 눈물을 흘렸다. 법정에서 자녀들은 "아버지가 어머니를 극진히 아끼고 사랑했다. 비극을 막지 못해 후회된다"고 하소연했다. 문씨는 1심에서 징역 4년을 선고받았다가 2심에서 징역 3년에 집행유예 5년으로 감형됐다.

필자는 2018년 7월 문씨 집을 찾았다. 하지만 반년 전 그가 세상을 떠났다는 말을 이웃에게 들었다. 집행유예 이후 이웃과 교류는 거의 없었다고 한다. 아파트 단지 내에 있는 노인정을 가끔 찾았다는 게 문씨를 아는 이웃의 기억 전부였다.

일 년에 1만 5000원으로 장애를 견디라니

2018년 9월 발달장애인과 이들을 돌봐야 하는 가족의 고통이 조금이나마 나아지는 듯했다. 정부가 '간병살인, 154인의 고백' 연재가 끝난 지 얼마 되지 않아 '발달장애인 생애주기별 종합대책'을 발표한 것이다. 당시 문재인 대통령은 초청 간담회를 열어 "우리 사회가 발달장애인에 대해 무관심했고 정부가 무책임했다"고 반성하면서 임기 내에 생애주기별 종합대책의 확대·발전을 약속했다. 이 자리에 〈서울신문〉 탐사기획부도 초청됐다. 발달장애 부모들이 겪어야 하는 극단적 어려움을 대변해주는 기사를 썼다는 이유에서다.

기대가 컸던 탓일까. 정부가 추진하겠다는 종합대책의 뚜껑을 열어보니 과거와 다를 바 없다는 지적이 여러 곳에서 쏟아졌다. 오히려 발달장애인 부모들 사이에서는 돌봄서비스가 기존보다 축소됐다는 평가도 나왔다. 발달장애인 부모들은 국가 정책을 이끌어내고자 2016

년 삭발식을 거행하고 광화문에서 청와대까지 삼보일배 투쟁까지 했지만, 결과물을 보고 허탈해할 수밖에 없었다. 간병살인 연재가 종료된 지 6개월여가 흐른 2019년 3월, 발달장애 부모들은 또다시 광화문광장으로 나와 "'진짜' 발달장애 국가책임제를 도입하라"며 목소리를 높였다.

2018년 필자들의 인터뷰에 응했던 자폐성장애 1급 아들(22세)을 둔 강지향(48세) 씨의 평가도 여전히 차가웠다. 그는 지난 인터뷰 당시 발달장애인법을 '희망고문'이라고 했다. 발달장애인의 인간다운 삶을 보장하기 위해 2015년 11월 '발달장애인 권리보장 및 지원에 관한 법률'이 시행됐지만, 지원이 늘어났다고 느낄 수 있는 건 단 하나도 없다는 것이다. 무엇보다 장애인들의 상태를 고려해 개인별 맞춤형 지원이 이뤄지길 기대했지만 기대가 실망으로 바뀌는 건 그리 오래 걸리지 않았다고 했다. 개인별 지원 계획을 세운다 한들 받을 수 있는 서비스가 거의 없기 때문이다. 강씨는 결국 아들을 위해 계획 세우는 것 자체를 포기했다.

지금은 어떨까. 돌아온 대답은 다르지 않았다. 오히려 더 비관적이었다. 그는 "언론에 정책 공표만 화려하게 했지, 실제로 시행되는 정책을 보면 과거보다 더 축소됐다"라고 말했다. 여전히 개인별 맞춤형 지원은 받지 못하고 있다. 예산과 인력이 턱없이 부족한 탓이다.

2014년 제정된 발달장애인법은 발달장애 가족들의 요구에서 비롯됐다. 그런 만큼 이 법은 단순히 특정 서비스를 제공하는 것을 넘어 발달장애인이 지역사회 구성원으로서 권리와 역할을 수행할 수 있도

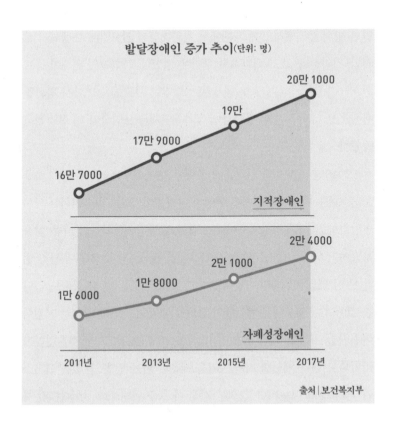

발달장애인 증가 추이(단위: 명)

20만 1000

19만

17만 9000

16만 7000

지적장애인

2만 4000

2만 1000

1만 8000

1만 6000

자폐성장애인

2011년   2013년   2015년   2017년

출처 | 보건복지부

록 돕는 것을 목표로 한다. 이 때문에 발달장애인의 교육, 노동, 주거, 소득, 활동, 인권 등에 관한 전방위적인 내용이 담겨 있다. 장애인 부모의 바람처럼 발달장애인들이 '보통의 삶'을 살 수 있도록 지원하자는 것이다.

그러나 법이 시행된 이후 기대와 달리 결과는 초라하다. 선언적 법만 존재할 뿐 구체적 시행령도, 정부의 노력도 찾아보기 어려웠다. 지적장애인과 자폐성장애인을 통칭하는 발달장애인은 평생 돌봄을 필요로 한다. 이들은 2008년 16만 명 정도였지만 2018년에는 23만 명을 넘어선 것으로 집계돼 그 수가 꾸준히 증가하는 것으로 나타났다.

발달장애인법은 개인별 맞춤형 지원을 핵심으로 한다. 연령이나 장애 정도에 따라 필요한 서비스가 다르므로 발달장애인 개인 특성에 맞는 계획을 수립해 지원하겠다는 것이다. 그러나 이를 수행할 인력과 예산은 턱없이 부족하다. 전국 17개 광역자치단체에 설립된 발달장애인지원센터가 이런 개인별 지원 계획을 설립하고 있는데, 서울의 경우 공무원 3명이 발달장애인 3만여 명의 지원 계획을 모두 짜야 한다. 산술적으로 보면 애초부터 불가능한 계획이었다. 실제 개인별 지원 계획이 수립된 건 수백 건에 불과하다. 보건복지부마저 인력 부족에 시달린다. 23만여 명이나 되는 발달장애인의 업무를 전담하는 직원이 고작 장애인정책국 내 사무관 2명뿐이다. 2017년 발달장애인 전담부서 신설 요청이 받아들여지지 않아 우여곡절 끝에 전담 사무관을 1명 늘리는 안을 국회로 보냈지만 야당의 반대로 이마저도 무산됐다.

이 법이 제대로 작동하려면 5년간 약 4000억 원이 필요하다는 비용 추계가 있다. 그러나 예산은 늘 부족했다. 박근혜 정부 당시 예산은 90억 원이었는데 2018년에는 85억 원으로 줄었다. 2017년 예산 중 50억 원이 발달장애인지원센터 인건비 예산이고, 나머지 예산은 35억 원인데 이 돈으로 약 23만 명의 발달장애인이 지원을 받아야 한다. 곧 1인당 연간 1만 5000원 정도 지원해주는 꼴이다.

계획을 세워도 지원받을 서비스 자체가 없다는 것도 문제다. 법에는 '조기 진단' '재활 및 발달 지원' '고용 및 직업훈련' '평생교육 지원' '문화·예술·여가·체육 활동 지원' '거주 시설·주간 활동·돌봄 지원' '발달장애인 가족 지원' 등이 명시돼 있다. 그러나 2018년 기준으로 주간활동서비스를 제외하면 나머지 부분은 어떤 서비스가 있는지조차 찾아보기 어렵다. 실제로 '조기 진단' '고용 및 직업훈련' '평생교육 지원' '발달장애인 가족 지원' 같은 거의 모든 서비스 조항에서 새롭게 제안된 정책도, 기존 정책이 강화된 것도 없다. 예산 분야 역시 의미 있는 증액이 없다는 평가가 대부분이다.

김기룡 전국장애인부모연대 사무총장은 당시 필자들과 인터뷰에서 "법 시행 이후 진행된 건 발달장애인지원센터를 설립한 것과 발달장애 조기 진단 시 정밀 검사비를 지원하겠다는 것, 거점 병원을 신설한 것 정도"라면서 "부모 교육사업과 양육 지원사업도 시행하고 있지만 실은 법 시행 전부터 있던 사업이고, 확대조차 안 하고 있다"고 말했다. 그는 또 "일례로 부모 교육 예산이 연간 3억 원 수준인데, 3억 원으로 23만 명 발달장애인의 부모를 어떻게 교육하느냐"고 반문했다.

그나마 2019년 예산은 427억 원으로 증액되었다. 그러나 발달장애인 생애주기별 종합대책을 뒷받침할 수준은 아니라는 평가가 지배적이다. 생애주기별 종합대책 중 새롭게 제공되는 발달장애인 주간활동서비스 예산은 191억 원에 그쳐 발달장애인과 그 가족의 삶에서 체감할 수 있는 변화는 거의 없을 것이라는 이야기가 많다.

간병살인, 154인의 고백

발달장애인 부모들은 주간활동서비스를 시행하기 위해 예산이 더 확대돼야 한다고 주장한다. 2019년 성인 주간활동서비스 대상자는 2500명에 불과하다. 이는 전체 성인 발달장애인 가운데 1.5%에 그친 숫자다. 서비스 제공 시간도 하루 평균 4시간이다. 부모들은 이를 2020년까지 성인 1만 명, 청소년 1만 명으로 확대하고, 제공 시간 역시 하루 8시간, 중증 중복 장애인에게는 2배로 제공할 것을 요구하고 있다. 특히 주간활동서비스를 월 88시간 이용할 때 기존에 활동지원서비스를 이용하고 있었다면 활동지원서비스 시간이 월 44시간 삭감되는 방침도 삭제해야 한다고 강조했다.

전문가들은 법을 보다 구체적으로 규정해야 한다고 말한다. 예를 들어 장애인 100명당 몇 명의 지원 인력이 있어야 실질적인 지원이 가능한지를 먼저 조사하고 기준부터 마련해야 한다는 것이다. 최복천 보건사회연구원 선임연구원은 "법의 강제력을 높이기 위해서는 법 내용을 보다 구체화할 필요가 있다. 구체적 수요를 계산하고 이에 맞춰 관련 부서를 설득해 점진적으로 예산을 늘려가야 한다"라고 언급했다. 또 "복지기관도 회피하는 중증 발달장애인의 경우 지원 사각지대에 놓인 경우가 많으니 학교를 졸업한 성인들이 낮에 이용할 수 있는 주간활동서비스나 건강 문제에 대해서도 실효성 있는 지원이 필요하다"고 밝혔다.

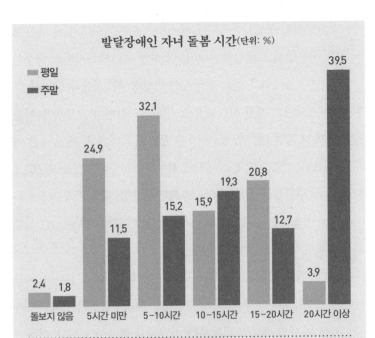

발달장애인 자녀 돌봄 시간 (단위: %)

- 평일
- 주말

	돌보지 않음	5시간 미만	5-10시간	10-15시간	15-20시간	20시간 이상
평일	2.4	24.9	32.1	15.9	20.8	3.9
주말	1.8	11.5	15.2	19.3	12.7	39.5

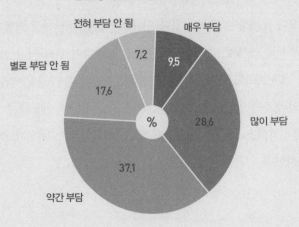

발달장애인 돌봄 부담감 (단위: %)

- 전혀 부담 안 됨 7.2
- 매우 부담 9.5
- 별로 부담 안 됨 17.6
- 많이 부담 28.6
- 약간 부담 37.1

출처 | 한국보건사회연구원, 발달장애인 보호자 1000명 설문조사 결과(2016년)

발달장애 자녀 부모 4명 중 1명,
한 달에 한 번도 여가활동 못해

발달장애인 자녀를 둔 부모 4명 중 1명은 자녀를 돌보느라 한 달에 한 번도 여가활동을 하지 못하는 것으로 나타났다. 자녀 돌봄으로 인한 사회적 단절이 고립감을 심화시키고 우울증을 키울 수 있어 장애인 가족들에 대한 관리와 지원이 필요한 실정이다.

김신애 전국장애인부모연대 부회장(경일대 대학원 상담심리학 박사과정)이 2018년 6월 발표한 논문 〈발달장애인 부모의 돌봄 스트레스가 삶의 만족도에 미치는 영향〉에 따르면, 장애인 자녀를 둔 부모 507명 가운데 121명(23.9%)은 한 달에 한 번도 여가활동을 하지 못하는 것으로 나타났다. 여가활동 횟수는 월 1~2회가 49.1%(249명), 3~4회가 18.1%(92명)였다. 월 5회 이상 여가활동을 한다는 응답자는 8.9%(45명)에 불과했다. 김신애 부회장은 "발달장애인 자녀들이 성인이 되면 행동을 억제하기가 더 어렵고 시설에 맡기기도 힘들어 부모들이 매일 상당 시간을 돌봄에 매달릴 수밖에 없다. 특히 남에게 피해를 주지 않으려 집 밖을 나서지 않는 경우가 많아 사회적으로 고립된 부모들이 상당하다"고 설명했다.

2016년 한국보건사회연구원 조사에 따르면, 발달장애인 자녀의 부모는 하루 평균 평일에는 8.8시간, 주말에는 14.9시간을 자녀 돌보는 데 쓰고 있다. 여기에 더해 발달장애인 부모들은 자신이 자녀의 일생을 책임져야 한다는 심적 부담감에 평생을 시달린다. 실제로 같은 조사에서 부모들은 '돌봄으로 인한 심적 스트레스'(6.3%)보다도 '미래에 대한 막연한 불안감'(46.5%)을 가장 큰 어려움으로 꼽았다.

이들은 발달장애인 자녀를 돌보며 발생하는 갈등을 해소하기 위해 '가족 휴식 프로그램'(25.1%), '장애 자녀 양육 상담'(23.4%), '부모 자조모임 또는 결연 프로그램'(13.3%)이 필요하다고 답했다. 김신애 부회장은 "자녀와 의사소통이 원활하지 않은 상황에서 미래에 대한 불안감과 간병 스트레스, 외부와의 단절은 고립감을 심화시키고 자칫 극단적 선택을 유발할 수도 있다. 따라서 고립 예방을 위한 사회적 네트워크를 만들고 부모들의 참여를 지원하는 대책이 필요하다"고 말했다.

우리가 꿈꾸는 세상

. . . .

발달장애 딸을 키우는
강선우 님의 이야기

평균수명

겨울에는 봄꽃이 잘 떠오르질 않는다. 꽃잎이 얼마나 보드라운지
도, 따뜻한 바람에 묻어오는 봄꽃의 달큰한 향기도.

햇살 듬뿍 받아 무르고 헐거워진 흙의 부드러움이 발끝에 닿는
봄날에도 마찬가지다. 지난겨울 그 흙이 얼마나 차갑고 단단하게 굳
어 있었는지 잘 믿기지 않는다.

17년이라는 시간의 길이 다시 놓인다면, 그 길을 따라 다시 걷
게 될까. 아니면 쉬운 코스에서는 달리기도 하고, 오르막이 보이면 잠
시 쉬기도 하는 요령을 좀 부리면서 그때보다 조금은 '잘' 걸을 수 있
을까.

"커서 가질 수 있는 직업이란 것도 당연히 한정적이죠. 좀 괜찮은
애들은 보석 세공사도 하고요, 안 그런 애들은 병아리 감별사를 하기

도 해요. 아, 그리고 어머니, 얘네는 생리 안 해요. 남자애들은 고환에 문제가 있고요. 또 뭐가 있나, 맞다, 평균수명. 어머니, 얘들은 평균 수명이 길지 않아요. 길어봤자, 한 20대 후반? 30대 초반? 그 정도 되려나…"

간호사는 때론 웃으며, 때론 미간을 찌푸려가며 한참이나 설명을 늘어놓았다. '우리 딸 얘기 들으러 왔는데, 남의 아들 고환 얘기는 왜 하나요'라고 속으로 투덜대면서 대충 고개만 끄덕였다. 그런데 그 '평균수명'이란 단어에 머리를 한 대 세게 얻어맞은 듯했다. '평균수명'이란 말을 들은 뒤부터는 간호사 입에서 나오는 말이 '웅웅웅' 대는 울림소리로밖에 들리지 않았다.

당시에는 몸도 마음도 엉망이었다. 산후조리는커녕 매일 신생아 중환자실로 면회를 가야 했고, 집에 돌아오는 길에는 왜 그리 울었는지 눈가가 늘 부어 있었다.

간호사 당신이 틀렸다고 '증명'이라도 하고 나면 몸도 마음도 씻은 듯 나을 것 같아 여기저기 관련 정보를 머리에 쥐가 날 만큼 열심히 뒤져봤다. '거봐, 아니잖아!' 하고 시원하게 보여주고 싶어서. 그런데 내 간절한 기대와는 반대로 자료를 찾으면 찾을수록 간호사 말이 맞았다는 사실만 반복적으로 증명됐다. 린이를 볼 때마다 밀려오는 미안함, 죄책감, 슬픔, 우울함이 무질서하게 뒤엉켰다. 내색하지 않으려 해도 자는 모습을 보거나 눈 뜨고 있는 모습을 볼 때, 목욕을 시키거나 기저귀를 갈아줄 때 계속 눈물이 났다.

그렇게 마음껏 괴로워하고 나니 머릿속에서 끝도 없이 내리던 지

루한 비가 개고 그 사이로 시원한 바람이 조금씩 부는 느낌이 들었다. '린이가 30년을 살든, 3000년을 살든 정작 행복하게 살기만 하면 되지' 싶은 깨달음이 들자 허탈하기까지 했다. '사는 날 동안에는 더 많이 사랑하고 더 많이 웃으면 된다, 린이가 죽고 난 이후의 일들은 그때 가서 생각하자'는 마음이 들었다. 허락된 시간 이후 너무 보고 싶고, 만지고 싶고, 숨 막힐 만큼 안아주고 싶은 걸 견디는 일은 내가 감당할 일이지 린이가 감당할 일은 아니니까. 그렇게 괴로움과 죄책감을 서서히 정리해가면서 린이를 대할 수 있게 되었다.

오히려 '짧은 수명'의 좋은 점까지 떠올랐다. 내가 나이가 들어 치매에 걸리거나 먼저 죽기라도 했을 때 린이가 그 아픔을 감당하지 않아도 된다는 점, 엄마를 그리워하는 아픔을 주지 않아도 된다는 점이 다행스러웠다. 내가 사라진 세상은 린이에게 한 치 앞도 보이지 않는 깜깜하고 추운, 그래서 더 무서운 동굴일 테니 말이다.

사진과 동영상

꽤나 열심히 찍었다. 사진도, 동영상도.

근육에 힘이 없어 축 늘어진 팔다리, 코에서부터 위까지 연결해놓은 튜브, 주사 놓을 곳이 없어 혈관을 찾느라 이마까지 생긴 파란 멍 자국들, 여름에 태어났는데 그해 크리스마스까지 목을 가누지 못해 요령껏 받치고 트리 앞에서 포즈를 취한 모습…. 사진 하나하나가 내 눈에는 다 예뻐 보였다.

그러다 2004년 즈음 텔레비전에서 눈이 보이지 않는 아버지가 혼자 아이를 키우는 다큐멘터리를 보았다. 그 아버지는 더듬거리며 분유를 타 먹이고, 기저귀도 갈고, 아이를 업고 집안일까지 척척 해냈다. 꽤 꽉꽉한 살림살이였는데 아이 얼굴이며 손발을 만지던 그 순간의 웃음만큼은 세상 걱정 없는 사람 같았다.

홀쩍이며 한참을 시청했다. '저 아이가 조금 더 자라면 돌봄의 주체와 객체가 바뀌겠구나.' '질병이나 장애가 있는 부모를 어린 나이서부터 돌봐야 하는 아이의 학교생활이나 또래 집단과 관계는 어떨까.' '일찍 철들 수밖에 없는 아이를 위해 국가는 무엇을 해줘야 할까' 같은 온갖 생각이 밀려왔다. 그러다 문득 저 아이가 커서 그 영상을 본다면 어떻게 받아들일지 궁금했다. '고생한 아빠에게 죄책감을 느끼면 어쩌지?' '아빠의 힘든 삶이 자기 탓이라고 여기면 안 될 텐데' 하는 걱정과 함께.

내 걱정의 오지랖은 폭이 점점 넓어져 급기야 '린이가 내가 찍은 사진과 동영상을 보고 미안해하면 어쩌지? 그것 때문에 아파하면 안 되는데' 하는 쪽으로까지 치달았다. 결국 나는 린이가 불편해 할 만한 사진과 동영상을 지우기 시작했다. 그리고 한동안 사진을 신중하게 골라 보관했다. 만 네 살에 걷기 시작했으니 그 전까지는 예쁘게 잘 기대어 서 있는 모습을 찍은 사진으로, 만 아홉 살까지 기저귀를 차고 잤으니 잠옷이 엉덩이 부분을 잘 가린 사진으로만 말이다. 그런데 십 수 년의 세월이 흐르고 보니 그렇게까지 하지 않았어도 됐겠다 싶었다.

학교에서 혼날 일이 생길 때면 이상하게 배가 아파 학교를 못 가겠다고 말하는 모습, 피아노 선생님이 오시는데 숙제를 덜 한 날이면 갑자기 예전 학교 친구들이 그리워 피아노 치기가 힘들다고 말하는 모습, 매년 12월만 되면 산타클로스 할아버지에게 받고 싶은 선물 목록을 내가 충분히 들을 수 있도록 큰 목소리로 말하며 기도하는 모습, 밸런타인데이에 평소 흠모하던 미용실 오빠에게 초콜릿을 보내겠다며 몰래 퀵서비스를 검색하는 모습 어디에서도 엄마를 향한 미안함은 찾아볼 수 없었다. 모든 게 기우였을 뿐이다. 갑자기 지웠던 사진과 동영상이 아쉬웠다.

친구, 남자친구, 결혼

"딸이랑 완전 친구처럼 지내겠어요."

"네" 하고 웃고 말았다. "아뇨, 애가 발달장애가 있어서 그러긴 좀 어려워요"라고 필요 이상 솔직하게 대답하면 상대방이 부담스러울까 봐 배려 차원에서 그렇게 말하곤 한다.

'또래 딸아이 엄마들은 딸과 친구처럼 지내겠지? 회사에서 있었던 기분 나빴던 일이나 세상 돌아가는 얘기도 하고.' 이런 마음이 들 때면 나도 친구 같은 딸이 있었으면 좋겠다는 아쉬움이 든다.

작년 크리스마스 때는 린이가 카드를 주었다. 인터넷에서 루돌프 이미지를 찾아 프린트한 다음 그 옆에 메시지를 쓴 손수 만든 카드였다. 카드에는 "내 친한 친구가 되어줘서 고마워"라는 말이 또박또박 적혀 있었다. 한국에 들어온 지 몇 년 되지 않아 한국말이 서툰 데다 한글을 쓸 줄 모르니 구글 번역기의 힘을 빌린 듯했다.

"고마워, 엄마도 린이 사랑해"라는 말과 함께 뽀뽀 세례를 한참 퍼붓고 돌아서는데, 가슴 한쪽이 아렸다. 내가 친구 같은 딸을 가진 다른 엄마들을 부러워하는 동안 린이는 나를 친구로, 그것도 '친한 친구'로 여기고 있었구나 싶었기 때문이다.

그날 이후로 린이에게 회사에서 있었던 이야기, 일상에서 겪었던 사소한 이야기들을 나누기 시작했다. 반응을 할 때도 안 할 때도 있었지만 어쨌든 린이와 진짜 '친한 친구'가 된 것 같았다. 이제는 누군가 "딸과 친구처럼 지내겠어요"라고 물으면 당당하게 "네, 친한 친구예요"라고 답할 수 있을 듯했다.

남자친구를 사귀고 싶다며 턱을 괸 채 뭔가 상상하며 키득키득 웃기도 하고, 용돈을 모아 결혼도 하고 신혼집도 사야 한다며 엄마한테 줄 돈이 없다고 미리 경고를 보내는 린이를 보면서 '린이만큼 착한 눈으로 세상을 보고 생각이 맑은 아이가 남자친구였으면 좋겠다' 싶다가도, 아니, '둘 중 하나는 매의 눈으로 세상을 바라보고 살아가야지' 하는 생각이 들어 머리를 흔들기도 한다. 그러다 린이가 과연 '남자친구를 사귈 수 있을까?' '결혼은 할 수 있을까?' 하는 현실적이고도 답 없는 고민을 하고 또 한다.

10여 년 전 박사학위 지도교수님과 논문 주제만큼이나 아이 이야기를 자주 나눴다. 지도교수님도 지적장애가 있는 아들을 키우며 공부했기에 서로 비슷한 처지였던 것이다. 나보다 서너 살 정도 많은 교수님 아들은 규모 있는 지역의 한 보험회사에 다녔다. 사무실 정리와 환경미화가 주된 업무였는데, 특유의 성실함으로 결근도 지각도 없었다며 교수님은 늘 자랑스러워했다. 좋은 직장도 다니고, 장애인이어서 고용도 보장된 데다, 바로 아래층에서 독립적으로 살고 있는 아들이 이제는 좋은 사람을 만나 사랑하고 사랑받으며 인생을 꾸려갔으면 좋겠다고 교수님은 자주 말씀하셨다. 당신은 할머니가 될 마음의 준비가 돼 있다고도.

"만약 아드님이 아이를 낳으면 누가 키워요?" 하고 여쭤보니 교수님은 별 고민 없이 "음, 지역사회와 국가?"라며 싱긋 웃었다. 내 기억에 그 순간만큼 미국이란 나라가 부러웠던 적이 없었던 것 같다.

린이도 가족이 주는 사랑과는 다른 로맨틱한 사랑을 하면서 행복을 누려봤으면 좋겠다. 이 당연한 인생 과업을 린이만이 아니라 모든 발달장애인과 그 가족이 고민하지 않아도 되는 날이 온다면 얼마나 기쁠까. 이 당연함이 발달장애인과 그들 가족에게 특별한 고민이 되지 않으려면, 학령기 이후의 삶과 독립적 생활을 위한 사회적 지원이 자연스러운 나라가 만들어져야 할 것이다.

하지만 갈 길이 너무 멀어 보인다. 얼마 전 한 장애인시설 여성의 절반 이상이 불임수술을 해 언론이 대서특필한 적이 있다. 부모가 딸을 설득해 불임수술에 동의하도록 한 것이다. 그런데 그 소식을 접했던 나도, 그리고 당시 여론도 반인권적이라며 비판하지 않았다. 아마도 비판할 수 없었을 것이다. 언젠가는 그 선택이 유일한 답이 아닌, 진정한 의미의 '선택'이 될 수 있는 사회가 오기를 바랄 뿐이다. 발달장애인 부모가 할머니, 할아버지가 되는 준비를 하며 설렐 수 있는 세상은 멀지만 꼭 만들어가야 할 길이다.

나비효과

언어치료, 놀이치료, 물리치료, 작업치료 등은 발달장애인들에게는 일반적으로 필요한 기본 치료다. 그러나 만만치 않은 비용과 시간, 노력이 필요하기에 이 기본 치료마저도 부모의 여력에 따라 받을 수 있는 사람과 그렇지 않은 사람으로 나뉜다. 비장애인으로 치자면 사회 일원으로 살아가기 위한 기본 교육, 의무 교육에 해당하는 것들이다. 그런 교육을 개인이 사비를 들여 알아서 받으라고 한다면 어떨까. 아마 너나 할 것 없이 촛불을 들고 거리로 뛰쳐나갈 것이다. 그런데 한국 사회에서 장애인은 그 '기본 교육'을 지금까지 알아서 해결해왔다.

미국에서 공부하고 일하는 동안 가장 좋았던 것 하나는 이 치료들이 모두 공교육 시스템 내에 존재한다는 것이었다. 아침에 린이를 학교에 내려주고 나는 내 할 일을 했다. 치료 때문에 근무시간을 조정한다거나 다달이 치료비를 생각하며 계산기를 두드리지 않아도 되었던 것이다.

린이는 일반 공립학교를 다녔는데, 친구들이 과학실에 가는 시간에 린이는 언어치료실로 향했다. 개별 수업 목표나 계획에 따라 여러 치료 선생님이 일반 수업시간에 함께 참여해 필요한 치료를 돕기도 했다. 예를 들면, 체육시간에 친구들은 공놀이를 하지만 린이는 놀이치료나 물리치료 선생님이 개별적으로 들어와 치료를 병행하며 수업에 참여하는 식이었다. 린이의 학교생활은 말 그대로 '따로, 또 같이'였다.

린이는 큰 외과 수술을 여러 번 받았는데, 그럴 때면 치료 선생님들이 병원으로, 혹은 집으로 찾아와 지속적으로 치료를 도왔다. 선생

간병살인, 154인의 고백

님들은 학교에서 하는 치료를 병원이나 집으로 옮겨 하는 것뿐이라며, 린이가 받을 당연한 권리라고 설명해주는데도 마치 누려서는 안 될 호사를 누리는 것만 같아 매번 어색하고 미안했던 기억이 난다.

'발달장애인도 이렇게 살 수 있구나.' '발달장애인 엄마인 내가 이렇게 립스틱 바를 시간이 있구나' 싶어 고마웠다. 린이가 이렇게 살 수만 있다면 가족인 나도, 내 친구들도, 내 선후배도, 내 직장동료도 안심하고 살 수 있을 것이다. 결국 사회 구성원 모두가 이런 삶을 보장받는다는 것이니 이런 시스템은 사회 전체 삶의 질을 가늠하는 잣대가 되지 않을까.

발달장애인 생존에 필요한 치료와 교육권이 공교육 내에서 '당연히' 제공되고 보장되어야 한다는 작은 날갯짓이 함께 가야 오래 갈 수 있다는 것을 증명해주는 큰 울림으로 연결될 수 있기를 오늘도 간절히 꿈꾸고 기도한다.

5장

죽음을 분석하다

죽은 자는 말이 없다. 그렇기에 고인의 진의眞意가 무엇이었는지 밝히는 일은 쉽지 않다. 필자들은 그동안 간병살인 당사자를 만나 벼랑 끝에서 손을 놓아버린 아픈 사연을 들었다. 하지만 희생자나 이미 고인이 된 가해자로부터는 이야기를 들을 길이 없었다. 유일한 방법은 살아남은 이들이 시간을 되돌려보는 사회·심리적 부검뿐이었다. 고인이 생전 남긴 글이나 지인과의 면담 자료를 수집해 과학적으로 규명하는 작업이다. 이번 장에서는 죽은 이들의 목소리에 귀 기울여 보기로 했다. 전문가들의 도움을 받아 간병살인 희생자와 가해자, 간병에 지쳐 환자를 둔 채 스스로 목숨을 끊은 가족의 마음을 들여다본다.

수면제 40알, 어머니는 죽음을 선택했다

모자母子는 다정했다. 2013년 7월 중풍으로 쓰러져 몸 하나 쓸 수 없는 어머니를 모시면서 아들은 싫은 내색 하나 없었다. 어머니의 대소변을 받아내고, 굳은 몸을 씻기고, 주먹만 한 욕창을 닦아내면서도 불평하지 않았다. 아들은 늘 어머니의 기분을 살폈다. 파마를 하고 싶어 하는 어머니를 모시고 미용실에 갔고, 염색과 얼굴 팩을 손수 해주었으며, 일본 카레를 좋아하는 어머니를 위해 특정 브랜드의 카레를 준비하기도 하는 살뜰한 아들이었다. 그렇게 둘은 적어도 남 보기에는 아무 문제가 없는 5년을 보냈다. 그러던 아들은 2018년 2월 19일 점심때쯤 술을 잔뜩 마신 채 어머니에게 수면제 한 줌을 건넸고, 어머니는 말없이 그것을 삼켰다. 생에 대한 의지가 누구보다 강했던 어머니는 그렇게 생을 마감했다.

필자들은 박지영 상지대 사회복지학과 교수와 함께 장옥분(72세)

씨의 죽음에 대해 사회·심리적 부검 형식을 빌려 분석을 시도했다. 자살의 1차 원인은 질병이지만, 단순히 질병으로만 치부하기에는 그의 죽음은 다소 갑작스럽고 복잡했다. 실제 기초자료를 모으고자 법원과 수사기관, 변호사, 친척 등 주변인을 대상으로 심층적으로 조사를 벌였다. 어머니에게 수면제를 건넨 둘째아들 김진규(50세) 씨와의 인터뷰가 구치소 측의 제한으로 무산돼 분석에 한계도 있었다. 자살방조 혐의로 기소된 김씨는 2018년 4월 1심에서 징역 1년을 선고받았다. 김씨 항소심은 기각됐다. 김씨는 "수면제는 건넸으되 자살은 권유하지 않았다"고 주장했지만, 법원은 이를 받아들이지 않았다.

남편과 큰아들의 죽음, 의지할 수 있는 가족은 작은아들뿐

국악학원 조교였던 장씨는 1960년대 학원 수강생이던 남편과 만나 아들 둘을 낳았다. 국악 집안에서 태어난 장씨는 판소리에 소질을 보였다. 일본을 오가며 공연을 했고 돈도 많이 벌었다. 남편은 고시 준비를 하다가 포기하고 주류회사에 취직했다. 아내가 일본에서 체류하는 기간이 길어지자 외항선을 탔다. 가족은 한때 서울 광진구에 있는 빌딩을 매입할 정도로 재정적으로 여유가 있었다. 그러나 가난은 도둑처럼 찾아왔다. 큰아들의 낭비벽과 거듭된 사업 실패가 문제였다. 몇 년 사이 재산은 거덜 났다. 불행의 서막이었을까. 10년 전쯤 남편은 심장마비로, 큰아들은 2015년 지병으로 사망했다. 불면에 시달렸던 장씨는 40대부터 수면제를 달고 살았다. 가정불화 탓인지 장씨는 거의 일본에서 생활했다. 생활이 힘들어 수면제를 먹고 자살 시도를 하기도 했다. 그러던 중 병까지 얻었다. 2008년부터 류머티즘관절염으로 고생했고 2013년 7월에는 중풍으로 쓰러졌다. 병세는 악화돼 제대로 걸을 수 없을 정도였다. 작은아들은 한국으로 돌아올 것을 권유했고, 이때부터 경기도 수원에서 중장비 관련 일을 하던 작은아들과 함께 살았다. 작은아들은 하던 일을 그만두고 장씨를 돌봤다.

분석1 | 장씨의 스트레스 요인

- 활발한 예술 활동 등 성취욕이 강한 성격이지만 전신마비 후 신체 통제 불가.
- 남편 사망, 장남의 재산 탕진과 죽음, 자신의 질병 등 잇따른 악재.
- 지속적인 수면제 복용과 자살 시도 등 부적절한 문제 대처 방식.
- 미혼인 아들에게 돌봄을 받아야 하는 심리적 부담.

깐깐했던 어머니의 성격,
작은아들 심리적 부담 컸을 것

장씨는 깐깐했다. 손조차 움직이기 어려웠지만, 정신만큼은 또렷했다. 남이 해온 음식도 꼭 아들 손을 거쳐야 먹었다. 주문이나 지시도 많았다. 아들은 그런 어머니를 위해 무던히 애썼다. 까다로운 입맛을 고려해 인터넷으로 일본 카레를 사서 손수 만들어 내오기도 했다.

목욕 도우미가 일주일에 두 차례 왔지만, 아들은 깔끔한 어머니를 위해 다시 꼼꼼히 씻겨주었다. 장씨는 식사 도중 대변이 나오는 줄도 몰랐다. 작은아들은 어머니가 무안하지 않게 농담을 섞어 가며 대변을 치웠다. 독박간병 4년차가 되자 친척들은 작은아들의 스트레스를 걱정했다. 결국 친척들의 권유로 장씨는 2016년 요양병원에 입원했다. 그러나 어느 하나 작은아들이 해주는 것만 못했다. 식사도 거부한 채 아들을 찾았고, 장씨는 일주일도 안 돼 퇴원했다.

경제적으로도 어려울 수밖에 없었다. 작은아들의 유일한 수입원은 소액의 주식 투자금뿐이었다. 어머니의 기초생활보장 수급액과 친척들이 10~20만 원씩 챙겨주는 돈을 합치면 월수입은 100만 원이 조금 넘었다. 작은아들은 보증금 300만 원짜리 임대주택에 살면서 온종일 어머니를 돌봤다. 친구를 만날 틈도 없었다. 평일에는 오전 9시부터 정오까지 요양보호사가 집으로 왔지만, 시장을 봐주는 게 전부였다.

분석2 | 아들 김씨의 스트레스 요인

- 본인에게만 치중된 간병 부담. 간병의 짐을 나눠 질 가족 구성원 전무. 개인 생활 불가.
- 전적인 요양보호가 필요했지만 오전 3시간 정도만 제공됨.
- 심리적 지지 대상 부족. 미혼 남성이 어머니를 혼자 돌보는 게 심리적으로 힘들었지만 정작 본인이 위로받을 수 있는 대상이 없음.
- 자기주장이 강한 어머니를 간병하는 '착한 아들'의 순응적 성격.

임박한 장씨의 죽음,
명절에 무너진 아들의 희망

장씨는 병세가 점점 악화되었다. 패혈증 증세로 임종 직전까지 가는 등 수차례 죽음과 생의 문턱을 오가자 아들은 장례식을 준비하기도 했다. 탄식과 안도의 시간이 반복되자 장씨는 아들에게 자주 "내가 죽어야 네가 편하지"라는 말을 건네곤 했다. 장씨의 수면제 의존도는 더욱 심해졌다.

2018년 2월 설날 연휴에 아들은 집에서 술을 많이 마셨다. 찾아오는 사람도 없고 조카들도 연락이 안 돼 외로웠다. 설 연휴 마지막 날인 17일에 집을 찾아온 외숙모를 붙잡고 울었다. 힘든 내색을 하지 않던 아들이었지만 결국 자신의 감정을 드러내고 말았다.

장씨의 호흡곤란은 점점 더 심해졌다. 가래를 인위적으로 뽑아줘야 했다. 같은 달 19일 장씨는 고통으로 잠을 이루지 못해 수면제를 찾았다. 아들이 "수면제 먹고 돌아가시려고 그러세요?"라고 묻자 장씨는 고개를 끄덕였다. 아들은 "어머니, 그냥 같이 죽읍시다. 나도 힘들어서 안 되겠어"라면서 수면제 40알을 건넸다. 아들도 목을 매 자살을 시도했지만 두려움 때문인지 실패했다. 다음 날 술에서 깬 아들은 어머니의 죽음을 확인하고 요양보호사에게 이 사실을 알렸다.

> **심리부검 전문가의 총평**
> 분석 1과 2를 통해 언급한 모자의 스트레스 요인은 결국 어머니가

스스로 목숨을 끊는 배경이 되었다. 특히 지난 5년간 질병과 간병 그리고 경제적 어려움과 지지체계의 부재로 고통이 누적됐을 것이다. 사망 전날 장씨는 친척에게 아들이 보관 중인 수면제를 달라고도 했는데, 이는 죽음에 대한 준비 행동일 수 있다. 아들의 음주와 죽음에 대한 욕구 역시 모자가 자살하기로 결정하는 데 상승 작용을 했을 것으로 보인다. 다만 이번 자살은 의도적이거나 계획적으로 보이진 않는다. 가족 모두 위험한 상황에 있다가 어떤 이유에서인지 장씨의 적극적 약물 준비와 아들의 음주로 인한 충동성이 결합해 장씨가 사망에 이른 것으로 보인다. 아울러 타살로 볼 수는 없다. 만약 아들이 어머니를 죽일 계획이었다면, 자연사로 위장했을 개연성이 더 크다. 문제는 아들 김씨가 자살 고위험군으로 보인다는 점이다. 일련의 과정을 겪으면서 어머니 시신을 본 충격, 우울과 회한, 불안이 상당할 테고 트라우마 증상도 보일 수 있다. 1차적으로 치료가 필요하며 출소 뒤 고립될 수 있기에 주변 친척과 함께 살며 정신적·심리적 상담을 받으며 재활할 필요가 있다.

"죽여달라" 부탁받아도
촉탁죄 아닌 살인죄 적용

법적으로는 자살방조나 촉탁살인을 인정하는 데 보수적이다. 자칫 산 자들의 진술에 따라 실체적 진실이 조작될 수도 있다는 판단에서다.

자살방조죄는 누군가가 자살하는 과정에 조력자 역할을 한 사람에게 묻는 죄다. 수면제나 밧줄처럼 자살에 쓰일 수 있는 도구를 건네주거나 장소를 알아봐줬다면 방조죄가 성립할 수 있다. 자살방조죄가 인정되면 형법 제252조 제2항에 따라 1년 이상 10년 이하의 징역에 처하는 게 가능하다.

단 결과적으로 누군가의 자살을 도왔다고 해서 무조건 자살방조죄가 인정되는 것은 아니다. 죄가 인정되려면 자살자와 방조자 모두 '고의성'이 있어야 하는데, 피해자가 이미 사망한 상태에서 이를 입증하기가 쉽지 않기 때문이다. 예컨대 A가 건네준 번개탄이 B의 자살 도구로 이용됐다고 치자. 하지만 번개탄을 건네준 A가 용도를 모르고 줬다면 죄가 성립하기 어렵다. 반대로 A가 번개탄을 피워놓고 떠나는 등 자살을 도운 정황이 뚜렷하지만 정작 B에게 자살하려는 의사가 분명치 않았다면 A는 자살방조가 아닌 살인죄로 기소되는 경우가 많다.

촉탁살인(형법 252조 제1항)이 인정되는 경우는 더 드물다. 역시 피해자가 사망한 상태에서 그 진의 파악이 쉽지 않기 때문이다. 간병살인 판결문 108건 가운데 8건에서 피해자가 자신을 죽여달라는 말을 했지만, 재판 과정에서 촉탁이 인정된 경우는 단 한 건도 없었다. 촉탁살인 처벌 수위는 1년 이상 10년 이하의 징역으로, 최소 5년 이상의 징역에 처하는 살인죄보다 형이 낮다.

천주현 형사전문변호사는 "간병살인처럼 가족 간에 발생한 사건에서는 다른 가족이 '고인이 죽기를 원했다'고 증언하더라도 재판부는 해당 진술을 믿지 않는 경우가 많다. 피해자가 정말 죽고 싶어 한다고 생각해 죽음을 도와준 경우일지라도 재판부는 촉탁살인죄보다는 일단 살인죄를 적용한 뒤 형을 감해주는 식으로 처리하는 경우가 많다"고 말했다.

전문가들은 선의로 가족이나 타인의 죽음을 도와줬다가는 말 그대로 큰코다친다고 입을 모은다. 강민구 변호사는 "평소 죽고 싶다는 말을 달고 산 사람이라도 이는 고인의 진의라기보다는 푸념 정도로 여기는 것이 통상적인 법원의 시각이다. 사건 당시 상황을 정확히 기록한 동영상이나 음성파일이 아니라면 증거로 인정받지 못하는 경우가 많다"고 언급했다.

간병살인, 154인의 고백

할멈이 삶을 내려놓자 영감은 이성을 잃었다

"할마이가 덩치가 이래 크단 말야. 영감이 돌보면서 억수로 힘들어했어. 그래서 니캉 내캉 죽자 이래뿐 기라. 순간적으로 해뿌린 거제. 그리고 지도 자살할라꼬 칼로 찔라뿟지. 1센티미터만 더 들어갔어도 죽었을 긴데…."

경북 포항에 사는 김금자(81세) 씨는 10년도 훨씬 지난 일을 생생하게 기억했다. 50년 넘게 같은 마을에 살던 이상용(74세) 씨가 2006년 8월 아내(71세)를 살해한 사건이다. 이씨는 집에서 망치로 아내를 10여 차례나 내려치고는 이어서 과도로 자신의 배를 찔렀다. 장기가 밖으로 나올 정도로 심각한 부상이었지만 이웃들이 급히 병원으로 옮겨 살아났다.

이씨는 뇌졸중으로 왼쪽 팔다리가 마비된 아내를 홀로 15년간 간병했다. 오랜 간병으로 자신도 우울증과 불면증을 앓았으며, 사건

5년 전에는 교통사고를 당해 뇌수술까지 받았고 두통과 이명에 시달렸다. 이씨 아내는 하루에도 수십 번씩 "영감, 제발 나 좀 죽여도"라며 울부짖었다.

이 사건은 이 책에 실린 간병살인 사례 가운데 애틋함과 잔혹함이 동시에 묻어난 사연이다. 필자들은 당시 이씨의 심리 상태를 분석해보기로 했다. 이씨를 직접 만나는 게 최선이지만, 이미 수년 전 지병으로 작고한 터라 당시 수사 기록과 판결문, 지인들을 취재한 녹취록을 모아 전문가에게 보냈다. 이수정 경기대 범죄심리학과 교수, 권일용(전 경찰청 범죄행동분석팀장) 동국대 경찰사법대학원 객원교수, 강덕지 전 국립과학수사연구원 범죄심리과장 등 3명이 이 사건에 도움을 주었다.

먼저 전문가들은 공통적으로 범행 도구에 주목했다. 강덕지 전 과장은 "이씨 정신 상태가 정상이었다면 결코 이런 둔기를 쓰지 않는다. 식사를 끊거나 독극물을 쓰는 등 피를 보지 않는 다른 방법도 많기 때문이다. 정신이 붕괴해 판단 자체를 하지 못했고, 순간적으로 눈에 보이는 도구를 집어든 것"이라고 말했다.

권일용 교수는 "오랜 기간 지속된 애정과 분노, 곧 양가감정(서로 대립되거나 모순된 감정)이 순간적인 자극(트리거)으로 인해 과도한 폭력을 동반한 공격으로 진행됐다"고 분석했다. 그는 "당시 이씨 심리가 공황 상태나 다름없어 무슨 일을 저질렀는지 자신도 몰랐을 것"이라고 덧붙였다. 실제로 이씨는 경찰에서 아내를 어떻게 내려쳤는지 기억이 나지 않는다고 진술했다. 권 교수는 "자신의 범행을 숨기려는 게 아니라 자연스러운 현상"이라고 그 부분을 해석했다. 이씨는 과거 폭력 전과가 전혀 없다.

장기간 지속된 간병도 이씨 심리를 추론할 수 있는 단서다. 이수정 교수는 "'간병 고통'은 참고 견딘다고 희망이 보이는 게 아니다. 간병이 언제 끝날지 모른다는 두려움 속에 점점 인내심을 잃었을 것"이라고 진단했다. 또 강덕지 전 과장은 "사람은 행복해지려는 욕망보다 고통을 피하려는 욕구가 훨씬 강하다. 하지만 간병 고통은 벗어날 수 없다. '긴 병에 효자 없다'라는 말이 있듯이 15년간 간병한다는 것은 본인이 아닌 이상 다른 사람은 절대로 알 수 없는 고통"이라고 말했다.

사실 이씨가 범행을 저지르기 6~7개월 전 간병 고통은 극에 달했다. 아내는 거의 움직일 수 없을 정도로 상태가 악화됐고, 이씨가 한 시간마다 대소변을 받아냈다. 자녀들은 생활고로 이씨 내외를 돕지 못했다. 며느리들이 가끔 들러 반찬을 건네주고 가는 게 전부였다.

이수정 교수는 "간병으로 본인 건강을 챙기지 못한 이씨가 여러 병을 앓게 되면서 인지장애가 왔을 가능성이 크다"고도 말했다. 이 때문에 자기조절력(몸과 마음을 통제하고 조절하는 능력)이 약해졌고, 충동성이 일시적으로 증가했다는 것이다. 이 교수는 "이씨는 당시 이미 건강이 한계에 도달했다고 봐야 한다. 본인 역시 삶의 의욕이 떨어지면서 '너 죽고 나 죽자'라는 극단적인 생각을 했을 것"이라고 언급했다.

권일용 교수는 "교통사고 후유증으로 지적장애를 앓는 경우 주변 사람들로부터 고립되는 경우가 많다. 자신이 처한 환경에서 벗어날 수 없다는 감정은 무력감을 발생시키고, 이 무력감이 애정과 분노의

양가감정 속에서 지속됐을 것"이라고 추론했다.

아내의 '촉탁'은 이씨를 무너뜨린 결정적 역할을 했다. 강덕지 전 과장은 "사실 이씨도 아내 상태가 악화되자 '이제 그만 갔으면…'이라는 생각을 했을 것"이라면서 "아내의 울부짖음은 노인들이 흔히 하는 '오래 살면 죽어야 해' 같은 푸념이 아닌 진심이 담긴 말"이라고 해석했다. 이어 "아내의 이런 말이 임계점에 도달해 끓는 물처럼 이씨의 이성을 붕괴시켰다"고 덧붙였다.

범행을 저지르기 직전 이씨는 잠시 담배를 피우고 집으로 들어갔는데, 아내가 혼자 소변을 보려고 발버둥을 치다 넘어져 울고 있었다고 한다. 아내가 "영감, 나 좀 죽여서 편하게 해도. 이렇게는 못 살겠다"라고 말하는 순간, 다른 방으로 달려가 망치를 든 것이다. 이수정 교수는 "그렇지 않아도 힘든 상황에서 살려는 의지를 보여야 할 아내가 먼저 포기하니 이씨가 조절 능력을 완전히 상실했을 것"이라고 설명했다.

이씨 변호인은 재판에서 촉탁살인이라고 주장했다. 촉탁살인은 죽음을 결심한 사람의 요구로 그를 살해하는 걸 말한다. 일반 살인보다 형량이 가볍다. 그러나 법원은 "아내가 몸과 마음이 지칠 대로 지친 나머지 흥분해 일시적으로 격정된 상태에서 한 말로 보인다"며 받아들이지 않았다.

"비 오는 날 영감이 벌컥 우리 집 문을 여는 기라. '감빵에서 어찌 이리 빨리 나왔능교' 물으니 '당신들 덕에 풀려났다' 하더라카이."

이씨는 징역 3년에 집행유예 5년을 선고받고 풀려났다. 그간 아

간병살인, 154인의 고백

내를 열심히 간병했고, 이웃들이 선처해달라는 탄원서를 집단으로 낸 게 참작됐다. 이후 이씨는 이웃과 자주 왕래하는 등 나름 평온한 말년을 보냈다고 한다.

일명 프로파일러(범죄심리분석관)로 불리는 이들 세 전문가는 보통 감정에 치우치지 않는 냉철한 판단을 내린다. 그럼에도 이 사건을 접하고서는 모두 한마디씩 덧붙였다.

이수정 교수는 "아내를 죽이고 자기만 살았다고 비난할 수 없는 사건이다. 이런 문제를 가진 노부부가 크게 늘고 있다는 게 문제다. 사회적 보장제도가 있더라도 이용할 줄 모르는 사람이 많다. 국가가 직접 이들을 찾아내 보살필 필요가 있다"라고 국가의 역할을 강조했다. 강덕지 전 과장은 "이씨 개인의 잘못으로 몰아붙이는 건 사건을 이해하는 올바른 시선이 아니다. 사회적 책임이 더 크다. 우리가 할 수 있는 걸 하지 않으면서 그에게 책임만 물어선 안 된다"라고 언급했다. 마지막으로 권일용 교수는 "경찰 시절 수없이 많은 사건을 분석했지만, 이 사건은 참 안타까운 부분이 많다"면서 이런 사건이 줄어들 수 있는 환경이 하루 빨리 구축되기를 희망했다.

그들은 떠나기 전 '자살 경고 신호'를 보냈다

이미 초고령사회에 들어선 일본은 10여 년 전부터 스트레스로 인한 간병살인이나 간병자살 통계를 집계하고 있다. 한국 역시 가족 간병 고통의 심각성을 인식하기 시작했지만 아직 정부 차원의 사례 분석은 이뤄지지 않고 있다. 다만 보건복지부는 자살 예방 차원에서 중앙심리부검센터를 통해 2015~2017년 발생한 자살 사건 중 유족으로부터 의뢰가 들어온 289건에 대해 '심리부검'을 실시했다. 심리부검은 자살자의 유서나 유족, 동료와의 면담을 통해 자살 원인을 과학적으로 규명하는 작업이다.

필자들은 김상희 더불어민주당 의원실의 도움을 받아 이 가운데 가족 간병 스트레스가 원인인 것으로 유추되는 5건을 찾아냈고, 유족의 동의를 받아 간병자살의 흔적이 엿보이는 2건의 자료를 제공받았다. 중앙심리부검센터가 실시한 심리부검을 통해 그들이 왜 극단적인 선택을 할 수밖에 없었는지 다가가볼 수 있는 기회다.

#사례1

사건 요약

- 사망 일시 및 지역: 2014년 8월 강원도
- 사망자: 남성(67세)
- 직업 및 결혼 유무: 농업, 기혼
- 사살 수단: 음독
- 심리부검 정보제공자: 아내

김성진 씨는 2011년부터 정신질환을 앓기 시작한 딸을 바라보며 괴로워했다. 잠을 이루지 못하고 수시로 불안해했다. 김씨도 정신과를 찾아 한 달 넘게 입원한 적이 있는데 이때 자살을 시도했다. 이후에도 일 년 넘게 통원 치료를 받았다. 한때는 금주에 성공하고 증상이 나아졌지만 오래 가지 않았다. 다시 술을 입에 댔고 마시는 양이 점점 늘었다. 하루는 몸도 가누지 못할 정도로 많이 마셔 자신이 직접 119에 전화해 병원 이송을 요청하기도 했다.

술은 김씨의 성격을 망가뜨렸다. 사람들과 다툼이 많아졌고 가족과도 갈등이 불거졌다. 사건 발생 두 달 전에는 잠을 이룰 수 없다며 딸이 처방받은 수면제를 먹기도 했다. 어느 날 계 모임에서 흠뻑 취해 돌아온 김씨는 새벽에 깼고, 집 안팎을 계속 서성였다. 그러다 갑자기 파란 물을 게워냈는데, 농약을 마신 토사물이었다.

중앙심리부검센터 '간병자살' 심리부검 보고서

자살 위험 요인		김성진 씨	이진승 씨
만성 자살위험요인 (장기간 지속된 요인)	자살 시도의 과거력	입원 중 변기에 머리를 넣고 죽으려고 시도	4차례 정도 자살 시도(수면제 음독, 투신)
	이전의 자살 사고	2011년 당시 죽겠다고 유서를 씀	–
	가족 중 자살 또는 시도가 있는 경우	오촌 조카가 자살로 사망	–
	정신과 입원력	우울증과 음주 문제로 두 차례 입원	여러 차례 입퇴원 반복
	흡연	–	하루 1갑, 사망 직전 10개피로 감소
기여 자살위험요인 (잠재적 요인)	자살 도구 소지 또는 접근성	농약을 가까이 둠	–
	낮은 자존감, 높은 자기혐오감	"정신병자가 무슨 사람들을 만나느냐"며 자기 비하	스스로 할 수 있는 게 없고, 아무 도움이 되지 않는다고 가족에게 표현
급성 자살위험요인 (단기간에 위험을 증가시키는 요인)	주변에 자살을 이야기하거나 시도할 계획을 가짐	–	"아버지보다 먼저 죽을 것"이라는 등의 이야기를 함
	일상에서 고립되어 지냄	–	동생들이 집에 와도 식사만 하고 방으로 들어가 나오지 않음
	절망감	딸의 정신질환 발병 후 "쟤는 틀렸다"고 절망	–
	주변에 짐이 된다는 부담감	–	"어머니와 동생에게 도움이 되지 못한다"고 말함

출처│중앙심리부검센터

아내가 등을 두드리고 딸이 119에 신고해 병원으로 옮겼지만, 이미 폐가 많이 손상된 상태였다. 김씨는 2주 뒤 끝내 숨을 거두고 말았다.

중앙심리부검센터의 심리부검은 '한국형 심리부검 체크리스트 K-PAC'를 통해 이뤄진다. K-PAC는 자살 위험 요인을 '만성' '기여' '급성' '촉발자극사건' '보호요인' 등 5가지로 나누고, 다시 61개 세부 항목으로 분류한다. 예를 들어 과거에 자살 시도가 있었는지, 어린 시절 부모와 관계는 어땠는지, 직업·결혼·학업에 대한 스트레스가 많았는지, 평소 자살 도구를 가까운 곳에 두었는지, 사망 직전에 어떤 행동을 보였는지 등을 파악해 사망자의 심리 상태를 분석하는 것이다. 심리부검 대상자 92퍼센트가 사망 전 '자살 경고 신호'를 보냈던 것으로 알려졌다. 이 신호를 사전에 인지했다면 사망자의 죽음을 막을 수 있는 것이다.

김씨는 오촌 조카가 자살한 이력이 있었다. 자신도 2011년부터 자살하겠다며 유서를 썼다. 김씨 부친은 방탕한 생활을 했다고 한다. 우울증과 알코올의존증도 있었다. 김씨는 이런 만성 자살위험요인(장기간 지속된 요인)을 안고 있었다.

기여 자살위험요인(잠재적 요인)도 세 가지나 있었다. 자살 도구였던 농약을 가까운 곳에 두었고, 농약을 잘못 뿌려 수확을 못하는 등 일에서 스트레스를 받았다. "정신병자가 무슨 친목모임에 나가느냐"며 종종 자신을 비하하기도 했다.

심각한 음주와 공격적인 행동은 급성 자살위험요인(단기간에 위험을 증가시키는 요인)으로 꼽혔다. 특히 정신질환으로 종종 문제를 일으킨 딸에게 "쟤는 이제 틀렸다"며 절망하는 모습을 보였다.

중앙심리부검센터는 김씨에 대한 심리부검을 통해 "만성 정신질환자의 가족이 겪는 스트레스가 상당히 심각한 수준이었으며 가족의 정신건강 역시 손상될 수 있다는 걸 보여준 사건이었다"고 진단했다. 이어 "환자가 원하지 않으면 접근하지 못하는 현재의 정신건강서비스 지원체계가 전반적으로 수정될 필요가 있다"고 제언했다.

#사례2

사건 요약

- 사망 일시 및 지역: 2016년 4월 강원도
- 사망자: 남성(47세)
- 직업 및 결혼 유무: 무직, 미혼
- 자살 수단: 목맴
- 심리부검 정보제공자: 어머니

이진승 씨는 그날 아침 평소처럼 어머니가 챙겨준 정신질환약을 먹었다. 어머니가 잠깐 외출했다가 돌아오니 이씨가 보이지 않았다. 이전에도 집을 나갔다가 며칠 뒤 귀가한 적이 있어 대수롭지 않게 생각했다. 그런데 잠시 뒤 농수로에서 숨진 이씨가 지나가는 사람에게 발견됐다는 경찰 전화가 걸려왔다.

이씨 방 텔레비전 밑에서 "힘들어서 먼저 갑니다"라는 쪽지가 발견됐다. 그의 사진과 개인 물품은 깨끗이 정리된 채 놓여 있었다. 이씨 아버지는 치매와 조현병을 앓고 있었다. 어머니가 생계를 책임졌고, 이씨는 자신이 가족들에게 짐만 된다며 비관했다. 종종 "아버지보다 먼저 가겠다"는 말을 하기도 했다. 이씨는 20여 년 전부터 정신질환을 앓았고 환청에 시달렸다. 혼자서 중얼거리는 경우도 곧잘 있었다.

이씨는 이전에도 음독과 투신 등 4차례나 자살을 시도한 적이 있다. 정신질환으로 여러 차례 입원하는 등 만성 자살위험요인이 많았다. 중앙심리부검센터는 이씨의 흡연량 변화에도 주목했다. 평소에는 한 갑(20개피)가량 피웠는데, 사망 직전에는 10여 개피로 줄었다고 한다. 심리적으로 변화가 있었던 것이다.

이씨는 자존감이 낮았고 자신을 싫어했다. "엄마, 동생들에게 도움도 되지 못하는데 살아서 뭐하느냐"고 말한 적도 있다. 그렇게 마음의 문을 걸어 잠근 이씨는 따로 사는 동생들이 찾아와도 얼른 밥만 먹고 자신의 방으로 들어가 나오지 않았다. 이웃이나 친구들과 소통하는 것도 피했다.

이씨의 경우 자살 위험을 낮추는 '보호요인'이 있었다. 정신과 치료를 꾸준히 받았고, 지자체가 운영하는 정신건강복지센터도 이용했다. 하지만 그의 죽음을 막지 못했다.

중앙심리부검센터는 "이씨가 어머니 홀로 중증질환인 아버지를 돌보고 경제적 책임을 지는 것에 대해 미안해하고 부담감을 느끼는 등 스트레스가 심했다"고 진단했다. 또 "어머니가 이씨의 정신과 치료를 적극적으로 챙겼지만, 고령(71세)인 탓에 자살 경고 신호를 사전에 파악하고 대처하는 데 어려움이 있었을 것"이라고 추정했다. 중앙심리부검센터는 아들의 죽음과 남편 간병으로 힘겨워하는 이씨 어머니가 정부 지원을 받을 수 있도록 관련 기관에 의뢰했다.

6장

가족이 말하는 '그'

간병살인은 대부분 피해자 가족과 가해자 가족이 겹친다. 가족을 잃은 끔찍한 비극을 겪은 이들은 슬픔과 원망 속에서도 온전히 가해자를 미워하지 못한다. 오히려 간병의 고통을 가해자에게만 떠넘겼다고 자책하며 용서해달라고 호소하는 일이 많다. 간병살인 판결문 108건 가운데는 선처를 부탁하는 남은 가족의 눈물이 고스란히 묻어 있다.

늙은 아내 살해한 치매 남편 그리고 법의 관용

그럼, 형량을 선고하겠습니다. 이 사건 범행은 피고인이 치매에 걸린 고령의 아내를 둔기로 내리쳐 살해한 것입니다. 사람의 생명은 무엇과도 바꿀 수 없는 존엄한 것이고, 한 번 잃으면 다시 회복할 수 없다는 점에서 절대적인 가치입니다.

그런데 고령화사회에 접어들면서 노인이 노인을 부양하거나 간병하는 모습은 더이상 낯설지 않게 됐습니다. 핵가족화 등 사회 환경 변화로 노인 부양이나 간병 문제를 가족이라는 울타리 안에서 전담하는 것은 기대하기 어려운 일이 됐습니다.

치매는 '나를 잃어버리는 병'입니다. 수십 년간 동고동락한 배우자가 점차 낯선 사람으로 변하며 허물어지는 모습을 지켜보는 건 직접 겪어보지 않고는 함부로 가늠하기 어렵습니다. 다만, 이 사건처럼 간병인 본인 역시 고령과 치매로 몸과 마음이 허물어져가는 상황에서는

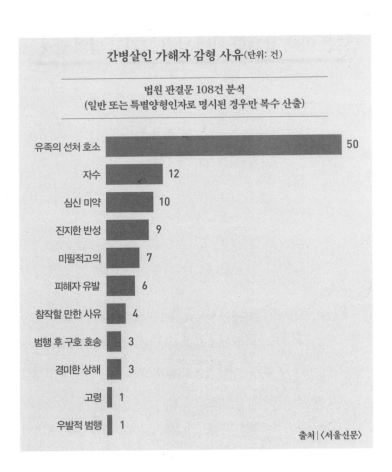

간병살인 가해자 감형 사유 (단위: 건)

법원 판결문 108건 분석
(일반 또는 특별양형인자로 명시된 경우만 복수 산출)

사유	건수
유족의 선처 호소	50
자수	12
심신 미약	10
진지한 반성	9
미필적고의	7
피해자 유발	6
참작할 만한 사유	4
범행 후 구호 호송	3
경미한 상해	3
고령	1
우발적 범행	1

출처 | 〈서울신문〉

육체적·정신적으로 극한 상태에 다다른다는 것을 조심스럽게 짐작
할 수 있습니다.

2017년 4월 인천지법 제15형사부 법정. 재판장 허준서 부장판사
가 담담한 목소리로 판결문을 낭독했다. 이날 선고가 이색적이었던
건 총 8장의 판결문 가운데 6장이 양형(형량을 정하는 일) 이유로 채워

졌기 때문이다. '범죄 사실-증거 요지-법령 적용-양형 이유' 순으로 구성되는 판결문에서 통상 양형은 짧게는 한 문단, 길어야 한 장 내외다. 재판부가 특별히 양형에 긴 시간을 할애한 것은 그만큼 고민이 깊었다는 방증이다. 피고인 정오성(85세) 씨가 처한 암울했던 현실과 아비를 용서해달라는 자녀들의 호소를 최대한 반영하려 했다는 뜻이기도 하다.

정씨는 2017년 1월 인천 자신의 집에서 순간적으로 격분해 말다툼하던 아내(85세)를 살해했다. 아내는 5년 전부터 거동이 불편했고, 정씨가 사실상 혼자 간병했다. 원래는 정씨 자녀 9남매 중 막내아들이 이들을 부양했지만, 2012년 막내아들이 세상을 떠나면서 노부부만 살게 됐다. 아내가 급격히 건강이 나빠진 것도 막내아들의 갑작스런 죽음에 충격을 받았기 때문이다. 자녀들 이름도 기억하지 못했다. 아내처럼 심하진 않지만 정씨도 치매를 앓는 중이었다.

> 어머니를 이미 끔찍한 사고로 잃었는데, 아픈 아버지마저 감옥에서 돌아가시게 하는 비극을 겪지 않게 해주십시오. 자식들에게 한 번만 더 기회를 주신다면 최선을 다해 아버지를 모시겠습니다. 병든 아버지가 간병 과정에서 받았던 스트레스가 이런 극단적인 결과를 가져올 정도로 심했다고는 생각하지 못했습니다. 자식들 모두 죄책감에 참담할 뿐입니다.

정씨 자녀들은 눈물로 재판부에 호소했다. 이 사건의 경우 대법원 양형위원회가 권고하는 형량(양형기준)은 징역 5~8년이다. 살인 동기에 따라 5가지로 구분되는 살인죄 가운데 제1유형 '참작동기살인-가중영역'에 해당하기 때문이다. '참작동기살인'은 특별히 참작할 동기가 있는 살인으로 살인죄 중에서 가장 형량이 가볍다. 다만 숨진 아내가 범행에 저항할 수 없는 '취약한' 피해자였고, 범행 수법이 잔혹했다는 점은 가중 요인으로 작용했다.

그러나 재판부는 양형기준보다 크게 낮은 징역 3년에 집행유예 5년을 선고했다. 재판부는 "사건은 고령화사회 진입과 가족 해체에 따른 우리 사회의 어두운 단면으로, 비극적인 사태가 개인의 반사회적 성향이나 악한 마음 때문이라고 보기 어렵다. 가족이 서로 상처를 보듬고 어머니를 비명에 떠나보낸 슬픔과 죄책감을 조금이나마 위로받을 수 있도록 아버지를 가족의 품에 돌려보내는 것도 법이 허용하는 선처와 관용"이라고 판시했다.

필자들이 2018년 7월 정씨 집을 찾아갔을 때는 다른 사람이 살고 있었다. 이웃들은 "6개월 전 자녀들이 정씨를 모셔갔다"고 했다. 자녀들이 재판부와 한 약속을 지킨 것이다.

간병살인 판결문 108건 가운데 50건(46.3%)은 이처럼 남은 가족이 선처를 호소해 형량 감경(특별양형인자) 요인이 됐다. 선처를 호소한 50건 중 20건(40%)은 집행유예가 선고됐다. 2016년 한 해 동안 선고가 난 살인사건 727건(1심 기준) 중에서 집행유예 비율이 20.2%(147건)인 걸 감안하면 두 배가량 높다.

가족 손에 의해 숨이 끊어지는 순간 느끼는 감정은 무엇일까. 배신감, 분노, 허탈함, 슬픔일까? 하지만 죽음의 문턱에서 되돌아온 이들은 이런 감정을 잊고 가해자를 용서한 경우가 많다.

"갈 때 안 됐나. 빨리 가라. 몇 년 전부터 기다리고 있었다. 가라. 여러 사람 피해 끼치지 말고…."

2017년 10월 울산의 한 원룸. 김상철(23세) 씨는 화장실 천장에 밧줄을 건 뒤 아버지(52세)에게 모진 말을 퍼부었다. 이날 아들은 화가 많이 나 있었다. 요양시설에 있던 아버지가 소란을 피우다 쫓겨나 집으로 돌아왔기 때문이다. 아버지는 당뇨 후유증으로 한쪽 발목을 절단한 뒤 거동이 많이 불편해졌다. 젊은 시절 돈은 벌지 않고 가정폭력만 일삼은 아버지였지만, 김씨는 힘이 닿는 데까지 돌보다 요양시설로 모셨다. 그런 아버지가 다시 나타나자 감정이 폭발한 것이다.

김씨는 밧줄로 직접 아버지 목을 졸랐다. 한 10초 정도 당겼을까. 아버지가 켁켁거리며 발버둥 치자 김씨는 이성이 돌아왔다. 손에 힘을 풀었고, 다행히 아버지는 병원에서 회복했다. 김씨는 존속살해미수 혐의로 기소돼 1심에서 징역 3년, 집행유예 4년을 선고받았다. 김씨가 실형을 피할 수 있었던 것은 친척은 물론 아버지까지 선처를 호소해서다.

"나쁜 애가 아닙니다. 제가 술에 절어 정상적으로 가정을 꾸리지 못했습니다. 경제적 형편이 어려운 와중에도 학업에 열중해 대학에 진학한 애입니다. 대학도 장학금과 아르바이트해서 번 돈으로 다니고 있어요."

김씨도 아버지를 다시 요양시설에 모시고 법원에 반성문을 제출하는 등 깊이 뉘우치는 모습을 보였다.

"지금 와서 그 이야기를 물어보는 이유가 뭔데? 우리 시동생, 억울하게 죽었어."

경기도 연천에 사는 김순래(80세) 씨는 7년 전 일에 대해 어렵게 입을 열었다. 30년 넘게 같은 마을에 살던 동서 이연순(72세) 씨가 치매에 걸린 남편(76세)을 살해한 사건을 다시 떠올리고 싶지 않아 했다. 처음에 김씨는 "자기도 사람이면 후회 많이 했겠지. 그래서 감옥 갔잖아. 하지만 가족은 쉽게 용서가 안 돼"라며 이씨를 원망하는 마음을 내비쳤다. 하지만 한 시간가량 필자들과 이야기를 나누면서 서서히 감정의 변화를 보였다.

"사실 힘들었어…. 남편 증세가 갑자기 나빠졌거든. 뜬금없이 벽을 보며 절을 하지 않나, 사람들이 독약을 뿌려 자기를 죽인다고도 하지 않나. 대소변을 가리지 못해 이씨가 하루에도 몇 번씩 기저귀를 갈았지."

이씨 남편은 원래 요양시설에 있었지만, 기저귀를 찢는 등 과격한 행동을 보여 하는 수 없이 집으로 데려왔다고 한다. 이씨도 고령인 데다 당뇨와 우울증 같은 지병을 앓고 있었다. 사건 전날 밤 남편은 이상 행동을 말리는 이씨에게 손찌검을 했고, 온몸에 이불을 감은 채 데굴데굴 굴러다녔다. 다음 날 새벽까지 잠을 이루지 못하고 술을 마시던 이씨는 자고 있던 남편을 둔기로 내리쳤다.

간병살인, 154인의 고백

"이씨가 젊은 시절 음식 솜씨도 좋고 상냥했어. 시어머니로부터 항상 '며느리 중 네가 최고'라는 칭찬을 받았지. 말년에 이런 일을 벌일지는 꿈에도 몰랐어. 내 남편은 5년 전쯤 먼저 갔어. 사실 남편이 안 가고 치매에 걸렸다면 나도 버텼을까 싶기는 해. 한순간 욱한 감정만 참았다면 그렇게 감옥에 안 갔을 건데…."

이씨는 징역 7년을 선고받았다. 국민참여재판을 받았고 자녀들이 선처를 호소했지만 7명의 배심원 모두 실형을 결정했다. 이씨는 형기가 일 년가량 남은 2017년 건강이 악화돼 가석방됐다. 조카가 이씨를 강원도로 모시고 갔다고 한다. 이씨 자녀들은 사건 이후 다시는 이 마을에 오지 않았다. 큰어머니인 김씨와도 연락을 끊었다.

요양병원 입소 3주 만에 걷는 법을 잊은 어머니

정진수(62세) 씨는 2015년 일을 생각하면 지금도 치가 떨린다. 누나들과 실랑이 끝에 치매인 어머니(98세)를 경기도 용인의 한 요양병원으로 입원시켰다. 독신인 정씨는 평생 어머니를 모셨다. 하지만 나이가 들어 심장 수술을 두 차례나 받고 체력적 한계를 느끼자 누나 넷에게 "돌아가며 어머니를 돌보자"고 제안했다. 하지만 누나들이 선택한 건 요양병원이었다. 정씨가 반대했지만 누나들이 밀어붙이는 탓에 어쩔 수 없었다.

"갑자기 요양병원 직원 여덟 명이 들이닥쳐 어머니를 강제로 데려갔어요. 울화가 치밀어서 소리쳤죠. '그래, 할 테면 해봐라. 엄니 꼴이 어떻게 되는지…'."

우려는 현실이 됐다. 집에서는 잘 돌아다녔던 어머니가 입소 3주 만에 걷는 법을 잊어버렸다. 왼쪽 다리가 퉁퉁 부었는데, 운동 없이 앉

간병살인, 154인의 고백

아만 있어 혈액순환이 되지 않는 심부정맥혈전증 탓이었다.

"어머니는 이제 휠체어도 못 타요. 옛날 폴더 폰처럼 앉았다가 눕는 게 운동의 전붑니다."

정씨는 어머니를 다시 집으로 데려가려 했지만 누나들의 반대로 무산됐다. 할 수 있는 건 일주일에 한 번씩 음식을 싸들고 택시와 버스를 갈아타며 문병 가는 것뿐이었다. 병실에 배정된 조선족 간병인은 불친절하기 그지없었다. 정씨가 "어머니가 왜 이리 야위었어요?"라고 물으면 간병인은 "나이 먹고 살 쪄서 좋을 게 있어요?" 하고 쏘아붙였다. 간병인 눈치를 보던 어머니는 정씨만 보면 집에 데려가달라며 울음을 터뜨렸다.

"속에서 천불이 났지만 참았습니다. 저 없을 때 무슨 짓을 할지 모르니까요."

한국은 2018년 6월 기준으로 65세 이상 인구가 750만 명을 넘어서는 등 빠르게 고령화가 진행 중이다. 요양원이나 요양병원은 각 가정의 노인 부양 부담을 낮춰주는 대안이면서 나아가 간병살인 같은 비극을 막는 해법으로도 꼽힌다. 하지만 대다수 요양 기관이 양질의 서비스를 제공하지 못하면서 오히려 '현대판 고려장'이라는 오명을 쓰고 있다.

장기 돌봄이 필요한 노인이 이용할 수 있는 곳은 흔히 요양원으로 불리는 노인요양시설과 요양병원이다. 돌봄서비스가 주 기능인 요양원과 달리 요양병원은 원래 만성질환자나 회복기 환자들이 가는 병원이지만, 가족 구성원 내에서 노인 환자를 직접 돌보기 어려워지면

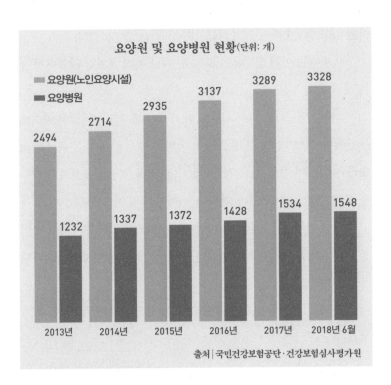

요양원 및 요양병원 현황(단위: 개)

■ 요양원(노인요양시설)
■ 요양병원

2013년: 2494 / 1232
2014년: 2714 / 1337
2015년: 2935 / 1372
2016년: 3137 / 1428
2017년: 3289 / 1534
2018년 6월: 3328 / 1548

출처 | 국민건강보험공단·건강보험심사평가원

서 요양원의 대체시설로 이용되고 있다.

요양병원과 요양원은 언뜻 비슷해 보이지만 입소 자격과 시설, 비용 면에서 차이가 있다. 요양원은 노인장기요양보험의 재원으로 운영되기 때문에 장기요양 1~2등급을 받은 노인들에 한해 입소할 수 있다. 비용(본인 부담금)은 장기요양급여의 20%로 1등급은 1일 1만 3030원, 2등급은 1만 2090원이다(2018년 기준). 식비는 별도다. 요양보호사가 상주하며 노인들의 거동 같은 일상생활을 돕는다.

문제는 질 좋은 시설이나 병원을 찾기가 무척 어렵다는 점이다.

전국에 있는 3300여 개의 요양원은 16만 명의 정원을 수용할 수 있는 규모지만 질은 담보되지 않는다. 소독과 위생 관리만 잘해도 발생하지 않는 옴(전염병)이 요양시설에서 잇따라 발생하는가 하면, 요양병원에서 낙상 우려가 있는 환자의 관리를 용이하게 하려고 손발을 침대에 묶어놓았다가 화재 때 대피하지 못하고 화를 입는 참사가 발생하기도 했다.

이용자 대부분이 선호하는 요양원은 국가나 지자체가 운영하는 곳인데, 이는 전국에 108곳으로 2%에 불과하다(2018년 6월 기준). 그렇다 보니 이용자가 몰리는 곳만 몰리고, 입소자가 15명 안팎의 영세한 곳은 관리 사각지대에 놓일 수밖에 없다. 예컨대 국민건강보험공단이 직접 운영하는 서울요양원은 전체 수용 인원이 150명인데 취재 당시 접수 대기자만 1080명에 이르렀다.

전옥분 서울요양원 사무국장은 "어르신들이 편하게 지낼 수 있도록 생활실을 10개의 마을로 구분해 가정집 같은 구조와 분위기를 조성하고, 요양보호사도 각 마을마다 (기준보다) 한 명씩 더 배치했다. 다만 입소 기간은 정해져 있지 않은데 인원이 한정돼 있다 보니 접수 후 입소까지 최소 5년 이상 걸린다"고 말했다.

요양시설 대부분은 개인(72.4%)이나 법인(25.5%)이 운영한다. 최근 들어 요양시설 설립 요건이 강화되긴 했지만, 초기에 시설을 늘리기 위한 방편으로 느슨한 규정을 적용한 탓에 모텔이 요양시설로 업종을 바꿔 운영되는 등 질 낮은 시설이 양산됐다.

요양병원도 일반 병원보다 느슨한 규정으로 우후죽순 들어서다 보니 시설 편차가 크다. 건강보험심사평가원은 전국 요양병원을 대상으로 적정성 평가를 하고 그 결과를 종합점수에 따라 1~5등급으로 구분해 홈페이지 '병원평가정보'에 공개하고 있다. 이에 따르면 1등급 병원은 전국에 202개 있는데, 지역별로 편차가 크다. 1등급 요양병원은 서울(31개)과 경기(45개), 부산(23개) 등 주로 수도권과 대도시에 몰려 있는 반면, 제주에는 한 곳뿐이고 강원도에는 그마저도 없다. 반면 최하위 5등급 병원은 서울이 4곳에 불과했으나 강원도는 7곳이나 됐다(2015년 적정성 평가 기준).

치매와 같은 특별 관리가 필요한 환자를 돌볼 역량이나 시설이 부족해 병원에서 치매 환자를 거부하는 일도 종종 발생한다. 윤석준 고려대 예방의학과 교수는 "정부가 초기 공급 확대를 위해 요양병원의 진입 장벽을 낮추다 보니 서비스 질 관리가 제대로 되지 않고, 사후 규제도 어려워진 상황이다. 요양원과는 차별화된 요양병원의 기능을 회복하기 위해서는 정부가 규정을 재정비할 필요가 있다"고 말했다.

서제희 보건사회연구원 미래질병대응연구센터장은 "민간에서 운영하는 부분에 어떻게 공공적인 기능과 책임을 부여할 것인지가 관건"이라면서 "노인장기요양보험과 국민건강보험으로 이분화되어 있는 의료비 지불 방식을 하나로 묶어 노령 환자가 상태에 따라 요양병원과 요양원을 유기적으로 이용할 수 있도록 하는 방식을 마련해야 한다"고 제언했다.

요양보호사 150만 명이 넘지만
"믿고 맡길 데가 없다"

가정 돌봄과 사회적 돌봄이 유기적으로 이어지려면 가족을 대신해 아픈 노인의 손발이 되어줄 요양보호사의 역할이 필수적이다. 하지만 강도 높은 노동에 비해 턱없이 낮은 임금, 질 낮은 일자리라는 사회적 인식은 전문적이고 헌신적인 요양보호사를 배출하는 데 걸림돌이 되고 있다. 장기요양보호사 자격증을 가진 사람은 150만 명에 이르지만 "믿고 맡길 데가 없다"는 소리가 나오는 이유다.

국민건강보험공단에 따르면 활동 중인 요양보호사는 2017년 말 기준으로 34만 624명이다. 이 가운데 28만 4144명(83.4%)은 수급자의 집을 방문해 요양서비스를 제공하고, 6만 4179명(18.8%)은 장기요양시설에서 일한다. 양쪽을 오가며 일하는 요양보호사도 있다.

방문(재가) 요양보호사들은 이용자들이 자신들을 '가사도우미' 쯤으로 여긴다고 토로한다. 요양보호사의 업무는 장기요양보험 수급자를 위한 청소, 빨래, 식사 제공 등으로 정해져 있다. 하지만 부당한 요구가 있어도 딱 잘라 거부하기가 쉽지 않다. 대부분 민간 재가방문 요양센터와 개별적으로 근로계약을 맺고 일하기 때문에 자칫 일자리를 잃을 수 있어서다. 한 요양보호사는 "한번은 어르신이 배추를 잔뜩 사다놓고 자식들한테 보낼 김치를 좀 담가달라고 했다"고 털어놓기도 했다.

10년째 최저임금에 머무는 낮은 급여와 불안정한 일자리는 요양보호사들의 이탈을 가속화하는 요인이다. 시설 요양보호사의 경우

12시간 맞교대라는 장시간 노동에도 임금은 월 170만 원 수준에 그친다. 환자 집에 직접 방문해 하루 3~4시간 정도의 요양서비스를 제공하는 재가 요양보호사들은 월평균 65만 원 정도를 번다. 한 요양기관에서 3년 이상 일하면 장기근속수당이 나오지만 이를 받는 요양보호사는 거의 없다. 일감을 찾아 옮겨 다녀야 해서 3년 이상 일하는 것이 불가능한 탓이다. 자연히 경력 관리는 물론 전문성이 인정되기 어렵다.

열악한 처우는 고스란히 낮은 간병의 질로 연결된다. 유희숙 서울요양보호사협회장은 "민간 요양센터에 맡겨둘 것이 아니라 정부가 나서서 인력 수급을 원활하게 하고, 요양보호사의 경력 관리와 처우 개선 방안을 마련해야 한다"고 말했다.

간병살인, 154인의 고백

7장

그래도 살아야 한다

경제적 궁핍, 다른 가족에게 짐이 된다는 미안함, 오랜 간병으로 쌓이고 쌓인 스트레스, 사회적 고립감…. 간병살인이 일어난 이유는 이처럼 여러 가지지만 근본적인 원인은 하나로 귀결된다. 가족 간병인이 얻은 마음의 병이다. 따라서 이들이 간병에서 벗어나 마음을 '치유'할 수 있는 시간과 장소를 만들어주는 일이 필요하다. 또 간병을 하면서도 직장에 다니거나 사회적 활동을 할 수 있도록 국가가 적극 도와줘야 한다. 이번 장에서는 지금 이 순간에도 사회 곳곳에서 묵묵히 간병 고통을 감내하는 이들의 이야기를 모아봤다. '가족 간병인을 위한 강력한 자기돌봄 프로그램'과 '자조모임'에 참여해 무너질 뻔했던 마음을 어떻게 일으켰는지 엿볼 수 있다.

간병하다 건강마저… 숨 돌릴 여유 좀 있었으면

밥은 꼭 갈아서 먹여야 하는데 자칫 기도로 넘어갈까봐 늘 불안해요. 대변은 천천히 배를 밀어서 빼줘야 하고요. 요즘은 애 아빠가 갈비뼈를 다쳐 일을 하기 힘듭니다. 가장이 일을 못 하면 모든 게 멈춥니다.

_중증장애인 자녀를 돌보는 52세 여성

뇌졸중 환자는 24시간 간병인이나 보호자가 붙어 있어야 합니다. 매달 병원비와 사설 간병비로 수백만 원씩 지급하다 보니 경제적 어려움에 빠질 수밖에 없습니다. 노인장기요양보험 지원을 받는 요양보호사를 쓰려 해도 간병하기 힘든 환자라며 아예 돌보려 하질 않아요.

_뇌졸중 부친을 간병하는 40세 여성

필자들은 2018년 7~8월 가족 간병인 325명을 대상으로 설문조

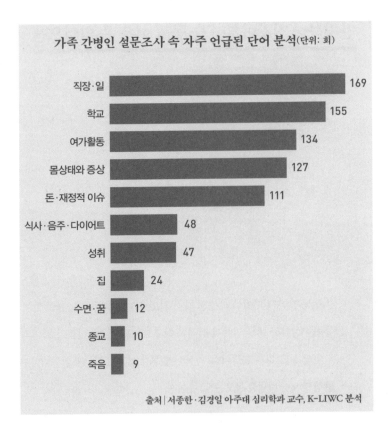

가족 간병인 설문조사 속 자주 언급된 단어 분석 (단위: 회)

단어	회
직장·일	169
학교	155
여가활동	134
몸상태와 증상	127
돈·재정적 이슈	111
식사·음주·다이어트	48
성취	47
집	24
수면·꿈	12
종교	10
죽음	9

출처 | 서종한·김경일 아주대 심리학과 교수, K-LIWC 분석

사를 실시하면서 하고 싶은 말을 마음껏 적어달라고 부탁했다. 객관식 설문만 진행하면 이들이 진심으로 하고 싶은 말을 놓칠 수 있기 때문이다. 이렇게 A4용지 16장 분량의 글을 모았고, 어려움을 호소하는 가족 간병인의 목소리를 과학적으로 분석하기 위해 한국어글분석프로그램K-LIWC을 이용했다. 이 프로그램은 사람이 쓴 글에서 형태소(의미가 있는 언어의 최소 단위)로 단어를 뽑아낸 뒤 어떤 감정이나 생각이 자주 언급되었는지 분석한다. 일상에서 많이 쓰이는 1만 5000여 단

어를 언어학적 분석에 따라 72개의 함축적 의미가 담긴 단어로 보여주는데, 학계에서 신뢰도가 높은 방식으로 서종한, 김경일 아주대 심리학과 교수가 분석에 도움을 주었다.

가족 간병인이 쓴 글은 총 7729개의 단어로 구성됐다. 일상(자기영역)과 관련해 가장 많이 언급된 것은 '직장·일'(169회), '학교'(155회)였다. 가족 간병으로 직장이나 학업 같은 사회활동에 제한을 받는다고 호소한 사람이 가장 많다는 것이다. '여가활동'(134회)에 대한 언급도 높았다. 끝 모를 사막 속에 갇힌 듯한 간병 터널에서 오아시스 역할을 할 수 있는 건 '휴식'뿐이다.

"몇 분이라도 저만의 자유시간을 느끼고 싶어요."

"저도 쉴 시간이 필요합니다."

"제발 숨 돌릴 여유를 좀 주세요."

보통 사람에게는 소박한 이야기지만 가족 간병인은 이런 생각조차 사치다.

'몸 상태와 증상'(127회), '돈·재정적 이슈'(111회)와 관련한 단어도 많이 나왔다. 간병을 하다 본인 건강까지 해치고, 경제적 어려움에 빠졌다고 호소한 것이다.

서종한 교수는 "가족 간병인이 종일 간병에만 매달리다 보니 휴식이나 생계유지에 어려움을 겪고, 결국 생활비나 간병비 등 경제적 지원을 호소하게 된다"고 분석했다.

필자들은 설문 응답자 외에도 현재 아픈 가족을 간병하고 있는 30여 명을 더 만나 목소리를 들었다. 경기도 일산에 사는 임순달(57

세) 씨는 치매에 걸린 시어머니(86세)를 6년째 돌보고 있다. 잘 모시고 싶어 요양보호사 자격증까지 땄다. 다행히 시어머니는 증세가 심하지 않아 오전에 3~4시간 정도는 홀로 지낼 수 있다. 이 시간 임씨는 옆 동네 치매 노부부 집으로 가 제2의 간병(방문요양서비스)을 한다. 시어머니까지 임씨 혼자 3명의 치매 환자를 돌보는 것이다. 임씨는 이들 노부부도 성심껏 간병해 가족 못지않게 가까운 사이가 됐다.

이런 임씨도 정부가 가족 간병을 '그림자 노동'(대가를 받지 않고 당연히 하는 것으로 포장된 노동)으로 취급하는 것에는 분통을 터뜨린다. 임씨처럼 요양보호사 자격증을 취득해 자신의 가족을 돌보는 사람을 가족요양보호사라고 한다. 돌보는 이가 가족이라는 것만 제외하면 요양보호사가 방문요양서비스를 제공하는 것과 마찬가지다. 따라서 국민건강보험공단이 급여를 지급한다.

하지만 임씨가 급여를 청구할 수 있는 시간은 하루 한 시간, 시급 1만 5000원 남짓이다. 게다가 한 달에 20일(20시간)까지만 청구할 수 있다. 임씨는 "오후에는 종일 시어머니를 모시니 실제 간병 시간은 10시간이 넘는다. 한 시간만 인정해주는 게 말이 되느냐"고 항변했다. 또 "경제적 관점에서만 보면 시어머니를 다른 요양보호사에게 맡기고, 나는 다른 가정으로 방문요양서비스를 나가는 게 낫다"고도 덧붙였다. 임씨가 다른 치매 환자를 돌보면 시간 제한 없이 시간당 1만 원가량 받을 수 있다.

장상훈(50세) 씨는 8년 전부터 만성 폐질환을 앓는 어머니(71세)를 여동생(40세)과 함께 모시고 있다. 인공호흡기에 의존하는 어머니는 스스로 거동이 불가능하다. 이에 어머니 집을 고쳐 2층짜리 주택으로 만든 뒤 모두 합가했다. 장씨 가족은 1층, 어머니와 여동생은 2층에서 생활한다. 여동생은 미혼이다. 낮에는 직장을 그만둔 여동생이 간병하고, 저녁에는 일을 마치고 퇴근한 장씨가 돌본다.

"사실 환자의 육체적 병에 대한 지원 제도는 어느 정도 마련돼 있어요. 하지만 '마음'도 돌볼 필요가 있다는 건 아직 모르는 것 같아요. 어머니는 원래 그런 분이 아니었는데 정말 예민해졌어요. 예를 들면 실내 온도가 정확히 25도, 습도는 45%가 유지되지 않으면 신경질을 부려요. 몸이 아프니 마음도 병든 거죠. 그게 우리를 너무 힘들게 해요. 환자 정신건강에 대한 치료와 지원이 필요합니다."

김미지(51세) 씨는 벌써 10년째 파킨슨병을 앓는 남편(57세)을 돌본다. 파킨슨병은 노인성질환인 줄 알았는데 그것도 아니었다. 그런데 모시고 있던 시어머니마저 치매가 왔다. 두 사람을 동시에 간병하는 건 도저히 불가능했다. 하는 수 없이 어머니는 요양시설로 모셨다.

김씨는 남편이 아프기 시작한 뒤에도 2년가량 회사를 더 다녔지만 결국 그만뒀다. 남편이 걷는 것조차 불가능해지면서 낮에도 곁을 지켜야 했기 때문이다. 논술 과외를 하면서 버텼지만 줄어만 가는 통장 잔고에 한숨만 늘었다. 남편의 우울감이 커지고 생활도 어려워지면서 한창 청소년기에 있던 아이들과 충돌도 잦아졌다. 아이들은 아버지가 이상해졌다고 한다.

"모든 게 어려웠어요. 애들이 있어 참았지만 이렇게 사느니 같이 죽고 싶다는 생각도 많이 했죠."

암흑 같은 터널에서 다행히 한 줄기 빛이 비쳤다. 파킨슨병 수술이 성공적으로 끝나면서 남편 증세가 호전된 것이다. 남편은 기적적으로 회복해 직장을 구했다.

"가장인 남편이 쓰러졌을 때는 정말 막막했어요. 아직 젊다는 이유만으로 사회보장제도를 이용하는 것조차 쉽지 않았죠. 특히나 저희 집처럼 부모가 아픈 경우에는 아이들 먹는 것을 비롯해 교육을 책임져줄 제도가 있었으면 좋겠어요. 가족 간병인들은 아무리 작은 도움이라도 정말 크게 느낍니다."

환자는 물론 가족까지 껴안는 선진국

선진국들은 가족 간병의 고통을 사회가 함께 풀어야 할 문제로 인식하고, 환자는 물론 가족 간병인까지 지원하는 제도를 폭넓게 구축하고 있다. 인구 고령화가 한국보다 20년 이상 빠른 일본이 가장 신경 쓰는 것 중 하나는 가족 간병인이 직장을 잃지 않게 하는 것이다. 아픈 가족 때문에 직장을 그만두면 경제적 궁핍에 빠지고, 결국 극단적인 상황으로 내몰리기 때문이다. 아베 신조 총리가 직접 '간병 실직 제로'를 약속했다.

일본은 가족을 돌봐야 할 경우 잠시 직장을 쉴 수 있는 간병휴가(연5일)와 간병휴직(연93일)제도를 1995년 도입했다. 휴직 기간에는 임금의 40%를 고용보험이 지원한다. 하지만 2012년 조사를 해보니 간병휴가와 휴직 이용률은 각각 3.2%와 2.3%에 그치는 등 매우 저조했다. 당시 일본은 매년 10만 명이 가족 간병으로 직장을 그만두는 것

주요국 가족 간병휴가·휴직제도 비교

		연간 사용 기간	소득 보장	가족 간병 범위
한국	휴가	제도 없음		부모, 배우자, 자녀, 배우자의 부모
	휴직	90일(분할 가능 /1회 30일 이상)	무급	
일본	휴가	5일(간병 가족 2인 이상일 경우 10일)	무급	부모, 배우자, 자녀, 배우자의 부모, 조부모, 형제자매, 손자손녀
	휴직	93일(3회 분할 가능)	고용보험이 임금 40% 보전	
독일	휴가	10일	돌봄지원수당	부모(배우자 부모 포함), 배우자, 자녀, 형제자매 및 그들의 배우자, 배우자의 부모 형제자매, 손자·손녀
	휴직	6개월	무이자 대출	
미국	휴가	12주	주에 따라 무급 또는 유급	배우자, 자녀, 부모

출처 | 한국여성정책연구원

으로 집계됐다.

이에 2016년 대대적으로 제도를 개선하고 활성화에 나섰다. 휴직을 신청할 수 있는 가족 범위를 조부모, 형제자매, 손자·손녀 등으로 확대한 것이다. 또 연간 세 차례까지 나눠 휴직할 수 있게 했다. 이전에는 분할 사용이 불가능했는데, 이것이 이용률이 저조했던 주된 이유 중 하나였다. 휴가 역시 1일 단위는 물론 반일로도 나눠쓰는 게

간병살인, 154인의 고백

가능해졌다.

독일은 2008년 간병휴가(연 10일)와 간병휴직(6개월)제도를 도입
했다. 원래는 무급이었지만 2015년 법 개정을 통해 간병휴가를 갈 때
는 수당을 지급하고, 휴직인 경우는 무이자 대출 같은 경제적 지원을
한다. 또 가족 간병을 하는 근로자는 단축 근무를 할 수 있도록 법으
로 보장한다. 주당 근로시간을 15시간 이상으로만 유지하면 되고, 최
장 2년까지 가능하다. 간병과 일을 함께 할 수 있도록 배려하는 것이
다. 또 단축 근무를 하면 급여가 줄어들 수밖에 없기 때문에 감소액
의 절반은 보전토록 하고 있다. 예를 들어 주 40시간을 일하며 월 400
만 원을 받는 사람이 20시간으로 단축 근무를 하면 급여가 200만 원
으로 줄어든다. 하지만 감소한 200만 원의 절반인 100만 원은 보전되
기 때문에 300만 원을 받게 되는 것이다.

이 밖에 미국 일부 주와 캐나다, 프랑스, 호주, 뉴질랜드, 이스라엘
같은 경제협력개발기구OECD 대다수 국가가 유급으로 간병휴직 또는
간병휴가제도를 운영하고 있다.

한국도 2012년 연 90일까지 사용 가능한 간병휴직(가족돌봄휴직
제도)제도를 도입했지만 무급이 원칙이다. 휴직이 가능한 간병 가족 범
위는 배우자와 자녀, 부모(배우자 부모 포함)로 한정돼 있다. 단기간만 쉬
는 간병휴가는 없는데다 한 번 휴직하면 최소 30일을 쉬어야 한다. 이
용률이 매우 저조할 수밖에 없다. 2015년 고용노동부 조사에서 한 명
이라도 이 제도를 사용한 근로자가 있는 사업체는 4%에 불과했다. 정
부와 정치권에서 유급 간병휴직과 간병휴가제도를 도입하려는 움직

임이 있지만, 2019년 4월 현재 확정된 것은 없다.

한국여성정책연구원은 2016년 발간한 〈가족돌봄휴직제도 심층 분석〉 보고서를 통해 "간병휴직 이용을 늘리는 가장 핵심적인 방안은 소득 보전"이라며 "한국 직장인들은 무급을 감당할 수 없어 간병휴직을 포기하거나 육아휴직 등 월급을 보전받을 수 있는 다른 휴직제도를 이용한다"고 지적했다.

지친 가족 간병인이 잠시 환자와 떨어져 쉴 수 있는 겨를을 마련해주는 건 매우 중요하다. 영국은 '레스핏 케어respite care'로 불리는 제도를 법으로 보장하고 있다. 레스핏respite은 '잠시 중단' '한숨 돌리기'라는 뜻으로 도우미나 시설이 잠시 환자를 돌봐주는 걸 말한다. 레스핏 케어 기간 동안 간병인은 뭘 해도 상관없다. 여행을 가거나 심지어 클럽에서 춤을 춰도 된다.

독일도 가족 간병인이 휴식을 원하거나 아파서 환자를 돌보지 못할 경우 필요한 대체돌봄 비용을 '수발보험조합'(한국의 국민건강보험공단)이 최대 4주간 1150유로(2012년 기준으로 약 150만 원) 한도로 지원한다. 가족 간병인이 6개월 이상 환자와 함께 살며 간병했다는 걸 증명하기만 하면 된다. 일본 역시 환자와 간병인을 잠시 분리시키는 '쇼트 스테이'(단기보호서비스)가 있다. 공적 보험에서 비용을 지원해 하루 5만 원 정도면 이용할 수 있다.

주요 선진국은 가족 간병을 사회가 할 일을 대신 하는 '노동'으로 인정하고 '보답'을 한다. 영국은 주당 35시간 이상 간병하면 9만 원가량을 수당으로 지급하고, 독일은 주당 14시간 이상 간병하고 30시간

이상 경제활동을 하지 못할 경우 국민연금 보험료를 대신 내준다. 최인희 여성정책연구원 연구위원은 이를 두고 "가족 간병으로 신경 쓰지 못하는 간병인의 노후를 정부가 대신 챙기는 것"이라고 설명했다.

한국도 치매환자를 연간 6일 동안 맡길 수 있는 치매가족휴가지원제도가 있지만 홍보와 시설 부족 등으로 이용률이 저조하다. 2017년의 경우 고작 115명이 이 제도를 이용했다. 노인장기요양보험 방문요양서비스를 신청하면 요양보호사가 직접 집으로 찾아가 간병을 돕지만 하루 3시간에 불과하다. 가족 간병인이 제대로 된 휴식을 취하기에는 지나치게 짧은 시간이다.

가족 간병인의 건강을 관리하고 교육하는 사업도 여러 나라에 활성화돼 있다. 일본은 40세 이상 가족 간병인이 자신을 위한 건강검진이나 교육을 받을 수 있도록 지원하고, 남성이 여성보다 간병에 익숙지 않다는 걸 고려해 '남성간병교실'을 활발하게 운영 중이다. 미국은 주 정부가 가족 간병인에게 정보 제공과 상담, 교육, 휴식 등의 프로그램을 지원해야 한다고 '미국노인법'으로 규정한다. 연간 70만 명이상이 이 프로그램을 이용한다.

간병에 결국 마음도 병든다

신혼여행에서 돌아오자마자 시아버지 계신 병원으로 갔어요. 아버님이 위독하시다고요. 그때부터 12년 동안 간병생활이 시작됐어요. 집안일 하랴, 간병하랴 힘들고 정신이 없는데 시어머니가 "너는 노는 사람 아니냐" 이러더라고요. 그 말이 그렇게 아프고 억울할 수가 없었어요.

친정 오빠가 엄마 모시고 하루만 병원에 다녀와달라고 부탁을 했는데 거절했어요. 그날 다른 일이 있었던 것도 아닌데 막연한 두려움 때문에 못했어요. 나중에 오빠가 "내가 얼마나 힘든지 좀 알아줬으면 했다"는 말을 듣고는 미안함과 죄책감이 밀려오더라고요.

2018년 8월 4일 서울시 종로구 도심권50플러스센터에서 진행

된 '가족 간병인을 위한 강력한 자기돌봄 프로그램Powerful Tools for Caregivers, PTC' 5주차 강의에서 참가자들은 간병 과정에서 느꼈던 다양한 감정을 쏟아냈다. 이성희 클래스 리더 겸 마스터 트레이너가 "우리가 간병 중 잃어버린 것은 무엇일까요?"라고 질문하자 참가자들은 '나(자신)' '돈' '일' '관계' '시간' '웃음' '여유' '기대감' '희망' '성격' '목적'이라고 답했다. 가족 간병인들은 환자를 돌보는 과정에서 극심한 스트레스와 우울감을 느끼면서도 동시에 환자를 직접 돌보지 못하거나 환자에게 잘해주지 못한 데 대한 죄책감을 느끼기도 했다.

2018년 7월부터 매주 토요일마다 여섯 차례에 걸쳐 진행된 PTC 프로그램에는 당뇨, 치매, 암, 뇌경색, 노환 등으로 가족을 돌보고 있거나 과거에 돌본 경험이 있는 가족 간병인 17명이 참가했다. 그동안에는 주로 환자에 초점을 맞춘 프로그램이 많았는데, PTC는 환자를 돌보는 가족 간병인에 초점을 맞춘 것이다. 미국 스탠포드대 환자교육센터의 케이트 로리그 교수팀은 만성병 환자들과 그 가족들을 연구하던 중 환자보다 그 가족이 먼저 사망하는 사례들을 발견하고는 1998년 이 프로그램을 만들었다.

PTC에서는 매주 자기 자신을 위한 실행 계획을 세우고 이를 점검하는 시간을 가진다. 참가자들은 거창한 계획이나 숙제처럼 해야 하는 일이 아니라 예쁜 잔에 차 마시기, 걷기, 명상하기, 책 읽기, 영화 보기 같은 온전히 자기 자신을 위한 구체적인 계획을 세우고 실천하는 연습을 한다. 또 스트레스를 파악하고 해소하는 법, 환자나 가족 간의 대화법, 간병인으로서 자신의 장점 찾는 법, 가족회의 하는 법

등을 배우고 토론한다.

당뇨와 고혈압, 치매를 앓고 있는 어머니를 간병 중인 장연숙(47세) 씨는 "점점 아이가 되어가는 어머니를 보면서 지치기도 하고, 약을 줄이거나 병원에 갈 때, 또는 뭔가를 결정할 때마다 형제간 갈등도 심해지곤 했다. 그때 PTC에 참가해 환자만이 아니라 나에게도 돌봄이 필요하다는 사실을 알게 되었다. 간병 상황에서 적절한 대화법을 배우고 비슷한 처지에 있는 분들과 소통하면서 나를 다시 일으켜줄 여러 가지 팁도 얻게 됐다"라고 소감을 밝혔다. 이성희 클래스 리더는 "100세 시대가 되면서 수명이 길어진 만큼 돌봄이 필요한 기간도 늘어났다. 간병 중에도 지치지 않고 활력 있는 삶을 유지하기 위해서는 간병인의 자기 돌봄이 가장 중요하다"라고 강조했다.

치매에 걸린 시어머니를 모시는 이경숙(61세) 씨는 자조모임을 통해 우울증을 극복했다. 한국치매협회에서 운영하는 자조모임에서 만난 이씨의 시어머니는 일 년 전부터 치매 전조증상으로 찾아온 우울증이 극심해졌다. "죽고 싶다"는 말과 함께 눈물로 하루를 지새우기 일쑤였다. 식사까지 거부해 체중이 급격히 감소했고, 소변을 가리지 못하는 횟수도 늘어갔다. 우울증은 35년째 시어머니를 모신 이씨에게도 전염됐다. 이씨는 "당분간 시어머니와 떨어져 지내라는 의사 조언에 따라 어머니를 데이케어센터에 보내기 시작했다. 저 역시 8개월 전부터 자조모임에 참석하면서 우울증에서도 벗어났고 활력이 생겼다"라고 말했다.

김완순 치매길벗잡이 강사는 "환자를 돌보는 가족들 중에는 우울증 약을 복용할 정도로 정신적 스트레스가 심한 분이 많다. 이들의 마음을 치유하는 게 자조모임의 목적"이라고 설명했다.

자조모임에서는 간병을 담당하는 환자 가족들이 서로 교류하며 '꽃꽂이를 통한 심리치료' 같은 다양한 프로그램에 참여한다. 꽃꽂이 클래스가 있는 날이면 센터는 아로마 향초의 은은한 향과 꽃 내음으로 가득하다. 손덕현 플라워 심리치료사는 "꽃을 보고 향기를 맡으면 몸에서도 좋은 호르몬이 분비되어 스트레스가 진정된다"라고 말한다. 실제로 손덕현 치료사가 거베라, 스타치스, 유칼립투스 등 갖가지 꽃을 나눠주자 참석자들의 얼굴에 화색이 돌았다. 참가자 중 한 사람은 "최근 시어머니를 돌보기 위해 직장까지 관둬 우울했는데 너무 기분이 좋다. 틈틈이 연습해 플로리스트에 도전해볼까 싶다"고 말하기도 했다.

차마 남들에게 하기 어려웠던 이야기를 털어놓고 서로 공감하는 과정을 통해 이들은 치유로 나아간다. 한 보호자는 "가슴이 터질 것 같아 남편 몰래 정신과 약을 복용한 지 3개월이 됐다"고 고백했고, 또 다른 보호자는 "치매에 걸린 남편이 얼마 전부터 자신과 자식들을 알아보지 못한다"면서 눈시울을 붉혔다. 자조모임의 유일한 남성 참가자인 장기탁(82세) 씨는 "여기서 다른 가족과 대화를 나누다 보면 위안이 많이 된다. 간병의 어려움을 쉽게 꺼내놓지 못하는 남성도 이런 모임을 통해 도움을 받았으면 한다"고 전했다.

참석자들은 간병인의 마음이 편해지니 환자 상태도 호전됐다고 입을 모았다. 8년째 치매 남편을 돌보는 이경자(74세) 씨도 "예전에는 남편이 집 밖으로 나가려고 하고 반항도 많이 했는데, 지금은 그런 행동이 현저히 줄어 안정적이 되었다. 2년간 이 모임에 참여하며 내가 안정을 찾고 행복해졌기 때문인 것 같다"고 말했다.

김완순 강사는 "다른 환자도 마찬가지지만 특히 치매 노인의 경우 보호자가 어떻게 옆에서 지지하느냐에 따라 증상을 늦출 수 있다. 그만큼 보호자들의 스트레스 관리가 중요하다. 한국도 외국처럼 자조모임 등 환자 가족에 대한 지원을 늘릴 필요가 있다"고 강조했다.

일본 간병살인 문제는 한국과 닮은꼴

....

〈마이니치신문〉 시부에 치하루 인터뷰

간병살인은 일본에서도 심각한 문제다. 우리보다 먼저 고령사회에 진입한 일본은 간병살인이라는 문제 역시 우리보다 먼저 맞닥뜨렸다. 〈마이니치신문〉의 오사카 사회부 기자들은 2015년 〈서울신문〉과 비슷한 취재를 진행했다. 당시 사회부에서 사건 담당 데스크를 맡았던 마에다 미키오와 사회부 기자 시부에 치하루, 무코하타 다이지가 일 년여를 취재해 총 4부, 19회에 걸쳐 '간병 가족'이라는 기획 기사를 실었다. 간병살인 당사자의 고백, 주변인 인터뷰, 간병 가족들의 이야기 등을 담은 기사는 《개호살인》(한국판 제목 《간병살인》)이란 제목의 책으로도 출간되었다. 가까운 일본의 이야기를 듣고 싶어 세 명의 기자 중 〈마이니치신문〉 서울지국에 파견 나와 있는 시부에 치하루 기자를 만났다.

» 간병살인 기획은 어떻게 시작하게 됐나

막내였던 무코하타 기자가 취재를 제안했다. 당시 〈마이니치신문〉은 지역 뉴스를 싣는 오사카판에 각종 사건으로 고통받는 이들의 이야기를 담은 칼럼 '애환기'를 연재했다. 그중 4건이 간병을 둘러싼 비극적 사연이었다. 무코하타 기자는 각지에서 발생하는 재택 간병 문제를 단편적으로 볼 게 아니라 묶어서 보자고 했고 우리도 취지에 공감했다.

» 이 기획을 시작하면서 가장 어려웠던 점은 무엇인가

취재를 시작하면서 재판 기록이나 수사기관의 자료는 모을 수 있었다. 하지만 간병살인 피의자를 만나 자료만으로 알 수 없는 깊은 이야기를 직접 듣는 것이 중요했다. 그런데 수없이 거절당했다. 2015년 4월부터 취재를 시작했지만 당사자를 직접 만나 인터뷰한 것은 9월이 다 되어서다. 일본 사람은 한국 사람에 비해 개인적인 경험을 공유하는 것에 좀더 보수적인 경향성이 있다.

» 처음 인터뷰할 수 있었던 취재원은 누구인가

치매에 걸린 아내를 돌보다 살해하고 동반자살을 시도한 70대 노인 기무라 시게루다. 2015년 4월 취재를 시작하자마자 동료 기자가 그를 찾아갔다. 하지만 잊고 싶은 기억이라며 취재를 거절했다. 하지만 지속적으로 찾아가 설득하고 연락을 기다렸다. 5개월이 지난 시점에 그에게 연락이 왔고, 당사자를 인터뷰한 첫 케이스가 됐다.

» 총 몇 명이나 만날 수 있었나

간병살인 당사자는 총 3명을 만났다. 그리고 추가로 만난 그들의 가족 등 주변인들을 포함하면 5~6명 정도다. 이외에 사건을 담당한 경찰, 변호사도 만났다.

» 우리는 사건 당사자들이 거처를 옮겨 만나지 못한 경우가 많았다. 일본은 어땠나

생각보다 사건이 발생했던 집에 그냥 사는 분이 많았다. 주로 나이가 드신데다 생활이 넉넉한 분들이 아니었다. 열심히 일해서 생계를 유지하던 서민들이 대부분이었다. 그렇다 보니 이사가 쉽지 않았을 것이라고 생각한다.

» 간병살인을 한 당사자들은 어떤 사람이었나

그냥 보통 사람들이었다. 살인을 저지른 사람이라고 하면 좀 이상한 사람일지도 모른다고 생각하는데 전혀 그렇지 않았다. 나는 뇌경색과 치매를 앓는 남편을 살해한 60대 여성 야마시타 스미코를 만났다. 그녀는 그냥 가족을 사랑하는 일반적이고 평범한 노인이었다. 처음에는 인터뷰를 거부했지만 끈질기게 매달려 그녀가 병원에 가는 길에 약속을 잡았다. 150센티미터도 안 되는 키에 움직이지 못하는 170센티미터가 넘는 남편을 간병하면서 다친 허리를 치료 중이었다.

» 당사자들에게 사건 당시 이야기를 듣거나, 기사에 실을
사진을 찍을 수 있게 부탁하는 일이 쉽지 않았을 것 같다

인터뷰하기까지는 쉽지 않았지만 취재를 허락한 뒤에는 마음을
열고 세밀한 부분까지 잘 말해줬다. 아무래도 기획 취지에 공감을 해
주셨기 때문일 것이다. 사진도 얼굴을 공개하지 않는 선에서 잘 협조
해주었다.

» 기사에는 어떤 내용이 담겼나

'간병 가족'이란 제목으로 시작한 시리즈는 총 4부로 구성됐다. 1부
에는 간병살인 당사자들의 고백을 담았고, 2부에는 변호사나 케어매
니저(지역사회 돌봄 전문가) 등 당사자 주변인들의 이야기를 실었다. 3부
에서는 지금 간병을 하면서 고통받는 가족들의 이야기를, 4부에서는
간병하는 연예인 등의 인터뷰를 소개했다. 케어매니저 730명을 대상
으로 한 설문조사와 간병을 경험했거나 경험하고 있는 가족들 245명
에 대한 조사도 담았다.

» 기사가 나가고 사회적 반향은 어땠나

구독자들로부터 손편지와 이메일이 쏟아졌다. 그동안 수많은 기
사를 내보냈지만 이렇게 많은 편지를 받은 적은 처음이다. 본인도 가
족을 돌보고 있는데 기사 내용에 깊이 공감한다면서, 너무 힘들어서
죽고 싶다는 생각을 한 적이 많다는 내용이 대부분이었다. 특히 이메
일에 익숙하지 않은 나이 드신 분들이 편지를 직접 써서 보낸 것 같았

다. 젊은 사람들도 익명성을 위해 손편지를 택하기도 했다.

» 기사 연재 후 사회가 긍정적으로 변화하고 있나

아직까지 제도적으로 큰 변화는 없다. 일본의 고령화는 한국보다 훨씬 심각하다. 정부가 재정을 투입해 문제를 해결하기 쉽지 않은 상황이다. 그래도 문제의 심각성에 대한 공론화가 시작되고 있다고 본다. 사람들이 가족을 돌보면서 힘든 경험을 하나둘씩 털어놓고 있다. 지금까지는 사적인 문제라고 생각했던 것을 드러내 이야기하면서 사회적 문제로 인식해가는 중이다.

» 한국에서 근무한 지 일 년이 다 되어가는데, 한국과 일본의 간병 문화에 차이가 있나

한국보다는 일본이 가족을 병원이나 시설에 맡기는 것에 폐쇄적인 것 같다. 죄책감이 훨씬 강하다. 가능하면 끝까지 집에서 책임지고 가족을 돌봐야 한다고 생각하는 사람이 더 많다. 그래서 일본의 가족간병 비율이 좀더 높다. 하지만 그것이 독이 돼 간병살인으로 이어지기도 하는 듯하다. 간병의 짐을 사회와 타인과 나눌 수 있어야 한다.

» 가장 주요한 대안이 무엇이라고 생각하나

결국 간병 가족들에게 '쉴 권리'를 보장해주는 것이 중요하다고 본다. 그 이전에 쉬어도 된다는 의식을 갖는 것이 중요하다. 한국 사람들도 그렇지만 일본 사람들도 가족을 끝까지 자신이 돌봐야 한다는 책임감이 너무 강하다. 이런 책임감이 오히려 독이 된다. 간병을 하다 힘들 땐 잠시 내려놓고 쉬어야 한다. 아직까지 일본에는 가족 간병인들이 간병의 짐을 잠시 벗고 서로 만나 고통을 나누거나 치유하는 자조모임이나 단체들이 많지 않다. 필요성을 잘 느끼지 못하고 있는데, 막상 경험해보면 큰 도움이 된다. 간병살인 가해자 대부분이 사회에서 고립되어 있다. 고립에서 벗어나 사람을 만나고 스트레스도 풀 수 있어야 한다.

» 정부는 무엇을 해야 하나

고령화가 심화되다 보니 정부 지원에 한계가 있는 것도 사실이다. 노인요양시설이나 병원을 늘리기에는 자원이 부족하다. 그래서 지역사회가 돕는 커뮤니티케어시스템을 마련한 것인데, 이마저도 충분치 않은 상황이다. 그럼에도 가족 간병인들이 살인에까지 이르는 문제를 해결하려면 쉴 시간을 마련해주는 등의 지원은 반드시 늘려가야 한다.

» 일본은 돌봄이 필요한 사람들을 지역사회가 돌보는 커뮤니티 케어가 잘 되어 있지 않나

일본은 지역사회의 케어매니저들이 개호보험 대상자 가정을 한 달에 한 번 정도 방문한다. 어떤 케어가 필요할지 판단하고 돌봄 계획을 세워주고 관리하는 것이다. 그런데 케어매니저 수가 너무 부족하다. 한 명이 수십 명을 담당한다. 또 케어매니저가 위험성을 감지하고 환자를 쇼트스테이에 잠시 맡겨 간병인과 분리하려 해도 시간이 너무 오래 걸린다. 당장 분리가 필요한 가족이 있어도 맡길 장소가 부족하다. 우리가 만난 간병살인 당사자도 담당 케어매니저가 위험성을 감지하고 환자를 맡길 시설을 알아보는 중에 사건을 일으켰다.

8장

함께 풀어야 하는 숙제

유교 문화가 뿌리 깊게 남아 있는 한국에서는 아픈 사람이 있으면 가족이 돌보는 걸 당연하게 여겼다. 그것이 부모나 자식 된 도리라고 생각한 것이다. 그러나 빠른 고령화 속도와 함께 전통적 가족 형태가 무너지면서 한국 사회의 간병은 더는 가족 구성원의 몫으로만 치부할 수 없는 상황으로 치닫고 있다. 증가 추세인 간병살인의 숫자가 우울한 방증이다.

비극은 국가가 간병 부담을 가정에 지우면서 발생한 측면이 크다. 물론 정부도 책임을 인식하고 2017년 9월 '치매국가책임제'를 선언하기도 했다. 하지만 가족 간병인들은 여전히 앞이 캄캄하다. 거창한 구호로 포장됐다가 흐지부지된 정책을 수도 없이 지켜봤기 때문이다. 환자만이 아니라 간병하는 가족에게도 적극적인 관심과 지원이 필요하다. 사회복지망을 손질하고 그물코를 더 촘촘하게 조여야 한다. 이제 국가가 침묵을 깰 때다.

간병살인 막으려면 국가가 나서야 한다

　'간병살인, 154인의 고백' 기획을 시작한 것은 간병 스트레스로 인한 가족 간 살인이나 자살이 점점 심각한 사회문제로 떠오른 탓이다. 비극 중 상당수는 '노-노 간병'에서 발생했는데, 이는 노인 인구 증가와 무관하지 않다. 한국은 2017년 고령사회(65세 인구 비율 14% 이상)에 진입했다. 이에 따라 만성질환자도 늘었다. 보건복지부가 2017년 4~12월에 65세 이상 노인을 대상으로 조사한 결과 만성질환을 앓는 이가 89.5%에 달했다.

　노인 인구는 앞으로도 급속도로 증가해 2026년이면 초고령사회(65세 인구 비율 20% 이상)에 진입할 전망이다. 하지만 이들을 위한 복지 시스템의 발전은 더디기만 하다. 그 사이 노-노 간병 외에도 장애를 지녔거나 병을 앓는 환자의 가족들은 간병의 굴레 속에서 고통받을 수밖에 없다.

문제의 해법을 찾고자 전문가 다섯 명을 모시고 이야기를 나눠보았다. 차흥봉 전 보건복지부 장관, 정형선 연세대 보건행정학과 교수, 신영석 한국보건사회연구원 선임연구위원, 박효영 성북미르사랑데이케어센터장, 이성희 마음살림 가족지원협회 대표다.

» 〈서울신문〉의 '간병살인, 154인의 고백' 기획에 대한 평가는 어떤가

정형선 교수(이하 정형선)   보통 간병 문제는 환자 당사자 위주로 다뤄졌다. 그런데 그 환자를 다루는 가족들까지 초점을 확장한 것이 좋았다. 과거에는 가족 중심으로 간병 문제를 해결했지만, 지금은 모든 가족 구성원이 경제활동에 뛰어들면서 가족 중심의 간병이 불가능해졌다. 하지만 제도적으로 뒷받침이 안 되는 상황이다. 결국 사회적 이슈로 다뤄야 할 시점이 된 것이다. 대규모 판결문 분석과 설문조사는 인상적이었다.

신영석 연구위원(이하 신영석)   구체적 대안이나 정책 방향성을 정하려면 실태 파악이 급선무다. 설문조사를 통해 경제력 수준, 간병 기간 등에 따라 특히 심한 스트레스를 받는 간병인 집단을 추출한 것이 잘했다고 본다. 정부가 가장 먼저 살펴야 할 대상자가 누구인지 파악하는 데 도움이 될 것이다.

이성희 대표(이하 이성희)   이제 간병하는 사람을 돌봐야 하는 때라는 점을 잘 지적했다. 살인에 이를 만큼 정신건강에 심각한 영향을 끼치는 간병이 남의 일이 아니라는 것도 잘 보여줬다. 이번 기획이 인식 개선을 이끌 것이다.

　박효영 센터장(이하 **박효영**)　아직 미미하지만 자조모임 같은 간병 가족을 위한 제도들이 있다. 기관들 나름대로 노력은 하고 있지만 홍보가 덜 됐고, 가족들도 그런 프로그램의 필요성을 인식하지 못하는 경우가 많다. 이번 기획에서 자조모임을 비롯한 다양한 제도 활용의 예시를 보여준 점이 좋았다.

» '간병살인'이나 '간병자살'이 일어나는 원인은
무엇이라고 생각하나

　차흥봉 전 장관(이하 **차흥봉**)　거시적으로 보면 '인구학적 변화' 와 '가족 부양체계의 변화' 때문이다. 사람의 평균수명이 길어지면서 1980년 전체 인구의 3.9%에 불과했던 노인(65세 이상)은 지난해 14% 로 급증했다. 당연히 만성질환을 앓는 노인도 늘었다. 또 1980년에는 약 85%의 노인이 자녀와 함께 살았는데, 지금은 따로 사는 등 가족 부양체계가 급변했다. 이런 이유로 노-노 간병이 증가하고, 간병 고통 에 시달리는 노인도 늘었다.

　정형선　노인 인구 비중이 28%에 이르는 일본은 지역별로 고령 환자에 대한 간병 계획을 짜고, 서비스를 연결해주는 등 아픈 환자와 가족 간병인을 위한 시스템이 잘 갖춰져 있다. 반면 한국은 간병 부담 을 대부분 환자 가족들에게만 떠넘긴다. 가족들의 고통이 훨씬 심할 수밖에 없다.

　신영석　최근 정부가 치매 의료비 90%를 건강보험으로 보장하는 내용을 골자로 하는 '치매국가책임제'를 들고 나오는 등 간병의 사회적 책임을 확대하려는 움직임을 보인다. 하지만 제도를 만들기 전 세밀한 실태 파악이 우선이다. 이번 기획은 한국 사회의 암울한 간병 실태를 드러내고자 했다는 데 의의가 있다.

이성희 현장에서 가족 간병인을 만나면 간병 스트레스로 인한 우울증, 불면증 등 정신적 고통을 겪는 경우가 매우 많다. 사회가 이들을 위해 하루빨리 나서야 할 때다. 미국은 만성질환자들을 관찰하다 힘겨운 간병으로 보호자가 먼저 사망하는 사례를 다수 발견했다. 이를 계기로 가족 간병인을 위한 프로그램을 개발했다. 우리도 이런 노력을 기울여야 한다.

» 설문조사 결과 가족 간병인의 정신건강이 심각하게 위협받고 있었다. 이유는 무엇인가

차홍봉 설문조사 분석처럼 간병 기간과 하루 간병 시간이 길어질수록 우울감이 상승한다. 치매 등 만성질환자를 종일 돌보는 데서 오는 스트레스는 어마어마하다. 돌봄은 끝이 없지만 환자 상태는 나아지지 않고 여기서 오는 절망감도 우울증의 한 원인이 된다.

이성희 실제 치매의 경우 평균 유병 기간이 8~10년이다. 환자를 돌보는 일이 언제 끝날지 모른다. 평생 이러다 내가 먼저 죽는 건 아닌가 하는 불안감도 든다. 또 공격성을 보이거나 자해를 하는 치매 환자들도 적지 않다. 이런 요소들이 간병인의 정신적 스트레스를 불러온다.

신영석 가족이 환자들을 종일 돌본다는 건 경제적 능력이 낮다는 것을 의미하기도 한다. 만일 간병 비용을 감당할 수 있다면 간병인을 고용했을 것이다. 결국 경제력이 낮을수록 간병 시간이 길어지고 우울감도 높아진다.

이성희 경제력과 별개로 꼭 가족이 환자를 돌봐야 한다는 인식도 간병인에게 족쇄가 된다. 치매에 걸린 부모님을 주간보호시설로 모시는 게 '현대판 고려장'이라고 생각하는 인식도 많다. 이 때문에 무리해서 종일 환자를 돌보다 우울증을 앓는다. 이런 가족들을 설득해 주간보호시설을 이용하도록 하면 만족도가 상당히 높다. 환자들은 시설에서 전문적인 케어를 받고, 가족들은 그 시간만큼 간병 부담이나 스트레스에서 벗어날 수 있다. 가능하다면 지역사회의 돌봄제도를 충분히 활용하는 것이 좋다.

박효영 간병인이 사회적으로 고립된 경우도 위험하다. 한국은 특히 치매를 부끄러운 질병으로 여기고 환자와 가족들이 스스로 외부와 교류를 단절하는 경우가 많다. 이럴 때 우울감이 증폭된다. 일본이나 네덜란드에는 '치매안심마을'이 있다. 치매를 노화의 한 과정으로 여기고 간병인들이 자연스럽게 사회의 도움을 받으며 같은 처지의 사람들과 교류하는 문화가 필요하다.

정형선 결국 간병에서 오는 스트레스를 사회에서 적절하게 풀어주지 못하는 것이 문제다. 간병 시간을 줄여주는 요양시설과 요양보호사 등 간병 시설이나 인력이 상당히 부족한 실정이다.

» 간병살인과 같은 비극을 막을 수 있는 대책은 무엇인가

정형선 일본은 가족을 돌보다 폭행할 경우 케어매니저(돌봄 전문가)가 곧바로 둘을 분리시킨다. 매뉴얼에 따라 환자를 쇼트스테이(단기 보호서비스)에 보내거나 심각한 경우 보호자에게 요양시설 입소 등을 제안한다. 이런 제도를 도입하면 간병 스트레스가 극단적으로 분출되는 걸 사전에 막을 수 있다.

이성희 결국 폭력이 불행의 시작이다. 폭력이 습관화되고 극단적 사태로 치닫기 전 '고리'를 끊어주는 것이 중요하다. 일본의 케어매니저시스템도 사실 지역사회에서 환자가 있는 가정을 살피고 돌봄에 참여시키는 시스템이 잘 되어 있기 때문에 가능한 것이다. 한국도 이런 시스템을 갖춰나가는 게 중요하다. 간병살인 같은 비극이 발생하기 직전 간병인들이 한 말은 "나 한계가 왔어"라는 것이다. 특히 노인이 노인을 간병하는 경우 신체적으로 상당한 무리가 된다. 정신적으로도 금방 고갈될 수밖에 없다. 이들에게 '쉼'이 필요하다.

차흥봉 간병인에게 휴식을 주는 '레스핏 케어'가 절실하다. 레스핏 케어는 간병인들이 돌봄에서 잠시 벗어나 휴식을 취할 수 있도록 단기적으로 환자를 전문시설에 보내거나 간병인을 투입하는 제도다. 영국 등에 잘 구축돼 있다. 신체적·정서적으로 한계에 몰린 간병인들의 극단적인 행동을 예방할 수 있다. 한국도 점점 단기 또는 주야간 보호시설이 늘고 있다. 이런 시설을 활용하면 충분히 제도 운용이 가능하다.

박효영 간병인들의 정신건강을 위한 프로그램 지원도 늘어나야 한다. 간병의 어려움이나 고민을 다른 가족에게도 털어놓지 못하는 경우가 많다. 직접 간병을 해보지 않으면 그 고통을 잘 모르기 때문이다. 그래서 같은 처지에 있는 사람들이 서로 교류하면서 소소한 활동을 할 수 있도록 지지 프로그램이나 자조모임을 진행하면 만족도가 굉장히 높다. 안타까운 것은 사회적 지원과 홍보가 아직 부족하다는 점이다.

이성희 남성 간병인에 대한 관심도 필요하다. 미국은 공식적으로 남성 간병인의 수치를 집계하는 데 한국은 없다. 그만큼 간병은 남자가 하는 일이 아니라는 인식이 팽배하고, 드러내서 말하길 부끄러워하는 것이다. 이렇다 보니 간병의 어려움이나 갈등을 털어놓는다거나 정보를 얻을 기회가 여성보다 적다. 실제 판결문을 분석해보면 남성이 간병살인의 가해자인 경우가 약 74%다. 남성을 위한 간병교육프로그램과 자조모임이 필요한 이유다.

정형선 나아가 한국 사회가 품위 있는 죽음에 대해 고민할 시점이 왔다고 생각한다. 〈서울신문〉이 분석한 간병살인이나 간병자살 사건의 상당수가 노-노 간병에서 발생했다. 환자가 회복할 가능성이 없는 상황에서 간병인마저 병에 걸렸을 때 간병살인이라는 비극이 다수 발생한 것이다. 환자들에게 괴로운 삶을 강요하기보다 죽음을 선택할 수 있는 기회를 주는 것도 생각해봐야 한다. 어쩌면 죽음에 다다른 개인의 선택을 사회가 막으면서 대안을 주지 못하고 있는지도 모른다. 개인에게 선택의 출구를 열어주는 것에 대한 논의가 필요한 때다.

» **경제적 어려움이 간병살인의 기폭제가 되는 경우가 많았다.**
원인과 해결책은 무엇이라고 생각하나

정형선　건강보험과 노인장기요양보험 재원을 활용해 저소득층 간병 비용을 줄여주는 방법이 있다. 하지만 현재까지는 국가 재정상 한계가 있다. 치매 환자가 있는 경우 가족의 경제활동에 제동이 걸려 생활고로 이어질 가능성이 높다. 그래서 정부도 '치매국가책임제' 공약을 내놓은 것이다. 하지만 치매안심센터 설치 같은 인프라 구축에는 상당히 많은 시간이 소요될 것으로 보인다. 치매환자 1인당 연간 2000만 원 정도의 돌봄 비용이 소요된다고 한다. 전국 치매 환자가 70만 명에 달하니 14조 원이 필요하다는 계산이 나온다. 하지만 한 해 편성되는 치매 환자 관련 정부 예산은 모두 합쳐도 3000억 원 정도에 불과하다.

차흥봉　경제적으로나 정신적으로 극단에 몰려 자살이나 범죄 위험군에 있는 환자의 가정만 지원 대상으로 하면 재정적 부담을 덜 수 있다. 다만 제도를 새롭게 만드는 게 쉽지 않다. 보건복지부가 갑작스럽게 생계 곤란이나 위기 상황에 처한 사람들에게 생계·의료·주거 지원을 해주는 긴급복지지원제도를 활용하는 방법이 있긴 하다. 이 제도로 위태로운 환자의 가정에 경제적 지원을 하는 것이 하나의 대안이다.

이성희　저소득층의 경우 특히 경제적·육체적·정신적 고통이 복합된 경우가 많다. 이들은 간병하는 것만도 벅차 복지서비스를 직접 찾아 나서기에 어려움이 있다. '송파 세 모녀 사건'이 대표적이다. 이들에게 찾아가는 서비스가 중요하다. 지역 단위의 사회복지사가 방문을 통해 다양한 혜택을 제공할 필요가 있다. 서울시가 운영하는 '도심권50플러스센터'는 건강 코디네이터 60여 명을 생활고를 겪는 치매가정에 파견하고 있다. 치매 가정의 다양한 어려움을 돌보고 환자들의 증상을 완화하기 위한 인지교육을 실시한다. 이런 제도를 확대해야 한다.

신영석 이른바 '간병마일리지제도'를 도입하면 좋겠다. 평소에 아픈 사람을 돌봐 마일리지를 쌓고, 훗날 본인이 병들면 그만큼 간병서비스를 제공받는 것이다. 경제적 부담 없이 간병을 받을 수 있고, 가족도 간병 부담을 덜 수 있다. 마일리지가 남는다면 현금으로 돌려받으면 된다.

정형선 현재 경로당에서 제한적으로 '노노케어마일리지' 제도가 시행되고 있다. 이 제도를 신 연구위원의 말처럼 더 많은 사람에게 적용하면 좋겠다. 저소득층에게 특히 도움이 될 것이다.

신영석 독일이나 일본처럼 간병인들이 급여를 받으면서 휴직할수 있는 '유급휴직제도' 도입도 고려했으면 좋겠다. 환자를 맡길 간병인이나 시설 비용을 감당할 수 없는 경우, 혹은 이런 서비스를 구하지못한 경우 결국 직장을 그만두고 간병에 매진할 수밖에 없다. 그러면서 생계는 더욱 어려워진다. 이를 '간병 실직'이라고 한다. 유급휴직제도를 통해 간병을 하면서 생계를 유지할 수 있도록 도와야 한다.

» 선진국들은 가족 간병 해법으로 '커뮤니티 케어'를 거론한다. 병원이나 시설이 아닌 집과 지역사회가 환자를 돌보는 개념이다. 이에 대한 생각은 어떤가

이성희　앞서 이야기한 해외 제도 대부분이 커뮤니티 케어에 기반하고 있다. 전문가들이 사각지대에 놓인 환자를 직접 찾아 복지시스템과 연결해주는 체계가 잘 구축돼 있어 가능하다. 결국 해답은 커뮤니티 케어가 가능한 토양을 만드는 데 있다.

차흥봉　일본의 커뮤니티케어제도를 참고할 만하다. 일본은 2005년부터 시·군·구에 주민을 위한 약 4300개의 지역포괄지원센터를 설치했다. 이 센터의 케어매니저들은 도움이 필요한 환자와 가족들에게 맞춤형 솔루션을 제공한다. 단기보호시설이나 간병인, 요양원 등 환자 상태에 맞는 돌봄제도를 지원한다.

정형선　환자들이 집이나 지역사회에 머물면서 의료·복지서비스를 제대로 누리려면 주간보호, 단기보호, 방문요양, 간호서비스 같은 복지 인프라가 제대로 갖춰져 있어야 한다. 하지만 한국은 아직 그렇지 못하다. 이런 지원 체계를 제대로 갖추는 게 필수 조건이다.

차흥봉　일본의 지역포괄지원센터는 지자체의 지원을 받은 민간단체가 운영한다. 한국도 전국에 많은 복지기관과 시설, 인력이 있지만 제각각이라 효율적으로 운영되지 못하고 있다. 일본의 지역포괄지원센터처럼 제도를 통일하고 산재한 민간단체에 가족 간병 지원 역할을 맡겨야 한다. 또 일본과 마찬가지로 일정 경력을 갖춘 간호사와 사회복지사 등을 국가자격시험을 통해 케어매니저로 흡수해야 한다. 체

계적인 요양서비스를 계획하고 관리하는 케어매니저시스템을 도입한다면 매니저들이 각자의 지역에서 환자들에게 효율적인 복지서비스를 제공할 수 있을 것이다.

박효영 어쩔 수 없는 상황이 아닌 한 환자와 가족이 완전히 분리돼 지내는 건 환자의 증상 개선에 좋지 않다. 주간보호센터에서 치매 환자를 보내면서 돌봄 프로그램에 동참하는 보호자들이 있다. 이렇게 가족이 관심을 두면 환자의 심리 상태가 안정되고 증세가 좋아지는 경우가 많다. 결국 가족과 사회 모두 돌봄에 참여하는 커뮤니티 케어가 환자들에게도 이상적이다.

신영석 하지만 현재 정부가 하겠다는 커뮤니티 케어의 목적이 불분명해 보인다. 유럽이 커뮤니티 케어를 시작한 건 의료서비스를 지역사회로 일부 옮겨 재정 부담을 덜려는 목적이었다. 반면 일본은 환자를 보살피는 복지적인 측면에서 커뮤니티 케어를 발전시키고 있다. 한국에 적합한 방향과 발전상부터 명확하게 잡아야 한다.

» **치매국가책임제나 간호간병통합서비스 등이 가족**
간병인들의 부담을 줄일 대안이 될 수 있을까

차흥봉 치매국가책임제는 국가가 치매 환자를 전부 책임진다는 개념은 아니다. 사회적 보호제도를 강화한다는 개념이다. 국가는 결국 치매를 예방하고 진단하는 보건의료시스템을 강화하고, 치매 요양원 같은 공공시설 확충 등 공공인프라를 만드는 데 주력해야 한다. 그리고 공공의 책임 아래 민간이 이런 인프라들을 운영하고 활용할 수 있도록 감독해야 한다. 그러면 치매 환자를 돌보는 간병인들의 부담도 줄어들 것이다.

정형선 보호자 없이 병원 간호사와 간호조무사를 통해 간병서비스가 제공되는 것이 간호간병통합서비스다. 하지만 간호 인력 부족으로 급성기 병원에서도 활성화가 어려운 상황이다. 1990년 일본의 인구 대비 간호사 비율과 그로부터 29년이 지난 현재의 한국 간호사 비율이 똑같은 실정이다.

이성희 미국은 간호간병통합서비스가 잘 돼 있다. 간병팀이 병원의 서브시스템으로 자리 잡았다. 한국도 이렇게 가려면 결국 인력 부족 문제를 해결해야 한다. 선진국처럼 간호 인력의 처우 개선 등 제도적 대안이 필요하다.

신영석 정부에서 2020년까지 간호 인력 10만 명을 늘리겠다고 했는데 지금 상황으로는 불가능해 보인다. 간호사와 간호조무사, 요양보호사의 업무는 서로 대체가 가능한 부분들이 있다. 하지만 현장에서는 갈등이 존재한다. 간호간병통합서비스에 간호조무사를 추가 공급하는 대안도 아직 실행이 안 되고 있다. 국가가 이런 갈등을 풀어내고 간호조무사와 요양보호사가 현장에 유연하게 투입될 수 있도록 만들어야 한다.

정형선 현재 간호간병통합서비스는 대형 병원 같은 급성기 병원 위주로 제공되는 중이다. 하지만 간병서비스가 절실한 요양병원 등으로 확대될 필요가 있다. 그러려면 부족한 간호 인력 문제가 해결돼야 한다.

» 요양보호시설과 요양보호사제도의 문제점과 대안은
무엇이 있을까.

정형선 요양시설의 경우 의사가 상근하지 않기 때문에 사회복지
사나 요양보호사의 서비스가 굉장히 중요하다. 하지만 언론에 여러
차례 보도된 것처럼 요양시설 서비스가 엉망인 경우가 적지 않다. 이
때문에 환자들이 그곳에 있기를 거부하고, 이를 지켜보는 가족들도
괴롭다. 요양원에 입소할 수 있는 만성질환자가 2~3배의 비용을 더
지불하고 요양병원에 장기로 입원하는 경우도 있다.

이성희 복지부 통계를 보면 한국 노인요양시설은 2016년 기준
3137개로, 전년 대비 202개 늘어나는 등 증가 추세다. 문제는 가족들
이 믿고 맡길 곳이 많지 않다는 것이다. 따라서 직장까지 그만두고 간
병하는 경우가 많다. 시설의 질을 높이는 방안을 고민해야 한다.

정형선 일본은 요양병원과 요양원의 중간시스템인 개호노인보건
시설을 개발해 운영하고 있다. 이 시설에는 입원 환자 100명당 의사 1명,
간호사 2명을 둔다. 만성질환자임에도 어쩔 수 없이 요양병원에 머물
렀거나 요양원에서 질 낮은 서비스를 받던 환자들을 개호노인보건시
설이 흡수한다. 치매나 뇌졸중으로 치료가 필요하면서도 집에서 돌보
기 어려워 요양이 필요한 환자들이 복합적인 의료·복지서비스를 받
을 수 있게 된 것이다.

신영석 한국도 이와 유사한 시설이 있다. 전국 5개의 보훈병원 인
근의 보훈시설이다. 병원에서 급성기 치료가 끝나면 시설로 이동시켜
의료서비스를 받으면서 요양할 수 있도록 했다. 이런 모델을 확대해볼

필요가 있다.

이성희 요양보호사도 질은 낮고 숫자는 부족하다. 요양보호사 자격증 취득자는 150만 명이 넘지만 실제 활동하는 사람은 30~35만 명 수준이다. 만성질환자들을 돌보기에는 턱없이 부족한 숫자다. 게다가 활동한 지 일 년 된 요양보호사나 10년 된 요양보호사나 제공하는 서비스 질에 큰 차이가 없다. 그럴 수밖에 없는 이유도 있다. 높은 업무 강도에 비해 처우가 열악하기 때문이다.

박효영 처우 개선과 함께 서비스의 질을 높일 수 있는 방법을 고민해야 한다. 현재 요양보호사 자격증은 직무교육만 받으면 손쉽게 취득할 수 있다. 진입 장벽을 높여 전문성을 끌어올려야 한다. 보호자들도 전문성 없는 요양보호사에게 가족을 맡기는 것을 불안해 한다.

차흥봉 교육과 함께 시험을 치르도록 자격증제도를 손질하면 좋겠다. 일본은 동남아시아 등에서 1만 명의 간병 인력을 데려오겠다고 하지만, 그러면 서비스 질이 낮아질 수 있다. 한국은 현행 제도를 발전시키는 쪽으로 고민하는 것이 좋다.

'간병살인, 154인의 고백'이 나간 뒤

안녕하세요, 기자님. '간병살인, 154인의 고백' 내주셔서 너무 감사합니다. 취재하느라 고생도 많이 하셨을 것 같아요. 쉽지 않은 데다 무거운 내용이라. 하지만 저와 같이 중증장애인을 돌보는 사람에게는 단비 같은 기사였어요. 정말 너무 힘든데 다른 사람은 그 마음을 이해해주지 않더라고요. 그런 날에는 나쁜 생각도 들곤 하는데 함부로 입 밖으로 꺼낼 수가 없어요. 단번에 미친 사람, 나쁜 사람이 되니까요. 그런데 버티고 버티다 무너지는 날에는 저도 모르게 그런 생각이 들어요…. 저는 뇌성마비 1급 장애아를 키우고 있습니다. 태어날 때 의료사고로 뇌를 다쳤어요. 지금은 열세 살인데 누워서만 지내요. 열세 살이지만, 3~4개월 아이의 지능을 가지고 있고요. 대소변을 직접 받아내고 뱃줄을 통해 밥을 먹이고 있습니다.

아이 키우면서 너무 힘들었어요. 집에 갇혀 있어야 하고 병원비로 생활은 어려워지고, 이중고 삼중고…. 사는 게 안 힘든 사람이 어디 있 겠느냐마는 저에게 장애아 간병의 길은 또다른 눈물의 골짜기더라고 요. 그래도 지금까지 13년을 열심히 돌보며 제 일도 하면서 씩씩하게 살아가고 있습니다. 저 말고도 힘들게 지내는 가족들이 많을 텐데, 그 런 짠한 마음이 많았는데, 우리 이야기가 기사화되어서 사람들이 조 금이나마 그 현실을 알게 돼 다행이라고 생각합니다.

제 직업은 심리치료사예요. 현장에서 간병으로 고통받는 분들을 많 이 도우려고 해요. 혹시 취재가 더 필요하다면 돕겠습니다. 좋은 기사 너무 감사해요.

한 장애아동 부모가 보낸 이메일이다. '간병살인, 154인의 고백' 연재 기간(2018년 9월 3~12일) 수많은 메일과 전화를 받았다. 힘겨운 간 병생활을 전하면서 희망이 보이기를 원한다고 했다. 간병살인을 저지 른 이들이 처했던 극한의 상황에 공감한다고도 했다. 이들이 우리에 게 연락한 것은 이런 이야기를 들어줄 곳이 많지 않아서다.

희귀 난치병 자녀를 돌보고 있다는 한 여성은 "제가 예비 간병살 인자 같아 연락을 드립니다"라는 말로 메일 서두를 시작했다. 두 자녀 를 키우며 평범하게 살던 이 여성에게 시련이 닥친 건 2013년이었다. 당시 열 살이었던 둘째가 계속 감기증세를 보여 병원에 갔는데, 백혈 병 진단을 받은 것이다. 의사는 아이의 생존율이 30%라고 했다. 항암 치료 후 골수이식까지 했지만 여러 가지 합병증이 나타났다. 근육과 관절이 점점 위축되고 있다는 진단을 받았고, 폐에도 이상이 생겨 이

식수술을 받아야 했다.

급성림프구성백혈병, 필라델피아염색체양성, 폐쇄성세기관지염
기질화폐렴, 이식숙주편대반응, 거대세포바이러스감염, 심방중격결손
증, 중증의 아토피성피부염…. 이름조차 생소한 이 난해한 병들이 모
두 아이가 앓고 있는 병이었다.

"우리 가족의 일상은 모두 멈춰 섰습니다. 아이는 온갖 병원을 돌
아다니며 '상태가 안 좋다'라는 말만 들었고, 온몸이 진물로 덮였습니
다. 모든 관절이 굳어서 앉지도, 서지도, 걷지도, 손을 사용할 수도 없
습니다. 지체 1급 장애와 호흡기 2급 장애입니다. 터치 펜에 의존해 휴
대전화 유튜브로만 세상을 만나고 있습니다."

그래도 지난 5년을 버텼던 건 건강보험 암 산정특례 혜택을 받았
기 때문이다. 산정특례는 의료비 부담이 큰 암이나 심혈관질환, 뇌혈
관질환, 희귀난치성질환, 중증화상, 결핵 환자의 본인 부담금을 일정
기간 0~10%로 낮춰주는 제도다. 하지만 이런 지원도 곧 끊길 위기에
처했다. 암 산정특례 기간(5년) 만기가 임박한 것이다. 암 대신 희귀난
치성질환으로 바꿔 산정특례를 신청하려 했지만, 아이가 앓는 병은
질병코드가 없어 힘들 것이라는 답변을 들었다고 한다.

"산정특례 없이 아이를 계속 치료하려면 모든 재산을 처분해야
할 것 같습니다. 그럼 첫째는 어떻게 키우나요. 신랑은 작은 회사에 다
녀 월급이 얼마 되지 않아요. 차상위계층(기초생활보장수급 대상 바로 위
계층) 선정 기준보다 조금 더 벌어 사회보장망을 이용할 수도 없습니
다. 내년부터는 아이를 데리고 병원에 가지 말아야 할까요? 너무 답답

해 메일을 보냅니다."

이 여성은 청와대 국민청원에도 글을 올렸다.

"대통령님 저희 아이처럼 드러나 있지는 않지만, 항암치료나 방사선치료, 조혈모세포이식 후에 오는 여러 합병증과 후유장애를 가지고 있는 아이들에게 꼭 필요한 산정특례 혜택을 받을 수 있게 도와주십시오. 저희 집에 담당자 분들이 오셔서 아이 상태를 확인해보시고 산정특례 혜택을 받을 수 있도록 간곡히 부탁드립니다. 정말 간곡히 부탁드립니다."(2018년 9월 5일 청와대 국민청원 및 제안 게시판에 올라온 번호 36만 7816번 글)

하지만 3849명만 청원에 동의했을 뿐 큰 관심을 받지 못했다.

정부도 '간병살인, 154인의 고백' 연재에 많은 관심을 보였다. 마지막 회가 보도된 날인 2018년 9월 12일 보건복지부와 교육부, 고용노동부 등 관계부처는 합동으로 '발달장애인 생애주기별 종합대책'을 발표했다. 돌봄과 고용 등 발달장애인의 영유아기부터 청장년기, 노년기까지 생애주기별로 지원책을 발표한 것이다. 청와대 영빈관에서 열린 행사에는 언론사를 대표해 〈서울신문〉 탐사기획부장이 초청되었다. 복지부는 간병휴직 같은 가족 간병인 지원제도의 개선을 검토하고 있다.

의사 출신인 윤일규 더불어민주당 의원은 같은 해 10월 11일 국회에서 열린 보건복지위원회 국정감사에서 '간병살인, 154인의 고백'을 언급하며 대책 마련이 시급하다고 지적했다. 윤 의원은 "간병살인은 굉장히 심각한 사회적 문제임에도 한국은 실태조차 파악하지 못하고 있다. 간병인 3명 중 1명은 환자를 죽이고 싶은 분노가 생긴다고 한다"라며 연재를 인용했다. 또 "신문 보도를 보면 최근 10년간 간병살인 사건이 173건 발생했고, 한 달로 따지면 1.4건이 일어났다. 정부는 간병살인에 대한 통계조차 제대로 없는데, 언론사가 이걸 해줘서 고맙다"고 덧붙였다.

답변에 나선 박능후 보건복지부 장관은 "연재를 모두 읽었다. 정부 차원에서도 노인장기요양보험이 시작될 때부터 가족 간병인, 가족 요양보호사를 어떻게 다룰 것인지 논란이 많았다. 제대로 된 돌봄이 될 수 있도록 제2차 노인장기요양보험 계획을 짜면서 가족 돌봄에 대해 어떻게 할 것인지 고민하겠다"고 밝혔다.

KBS는 시사교양 프로그램 〈거리의 만찬〉에서 간병살인을 다뤘다. 2018년 12월 21일 방영된 "삶의 첫 번째 조건-우리가 사랑할 수 있는 시간"을 통해서다. 가족 간병인의 고충을 듣고 그들이 어떤 생각을 하고 있는지, 무엇이 필요한지 집중 조명했으며, 필자들을 찾아 취재 뒷이야기를 들었다.

방송에는 연재를 통해 간병살인을 고백한 정현우 씨도 출연했다. 정씨는 "10개월간 아내는 죽음을 부탁했습니다"(이 책 49쪽) 기사의 당사자다. 그는 유방암에 걸린 아내, 뇌졸중으로 쓰러진 어머니, 선천성 뇌병변에 걸린 딸까지 아픈 가족 3명을 혼자 돌보다 아내의 자살을 도왔다. 가족 간병의 안타까운 현실을 전하고 싶다는 필자들의 취지에 공감하고 사진 촬영(뒷모습)까지 승낙했다. 방송에는 모자이크 처리와 음성 변조 후 방영되었다.

앞서 정씨는 '간병살인, 154인의 고백' 연재가 나간 뒤 "수고 많았다"라는 문자메시지를 보내왔다. 포털사이트에 달린 댓글을 여러 차례 반복해 읽었다고 했다. 정씨 사연을 읽고 슬퍼하고 응원하는 목소리가 많았지만, 그를 비난하는 글도 종종 있었다. 정씨는 일부 댓글에 대해서는 "답글을 하지 않으면 안 될 것 같은 내용이 있다"며 살짝 답답한 마음을 내비쳤지만 실제로 정씨가 답글을 달지는 않았다. 정씨가 하고 싶은 이야기를 온전하게 전하지 못한 필자들의 잘못이다.

나가는 말

2018년 7월 3일 오전 10시 20분, 서울고등법원 서관 제302호 법정. 이날 검정 뿔테 안경을 쓴 피고인 김민준(29세) 씨는 무표정한 모습으로 방호요원 틈에 둘러싸여 재판정에 입장했습니다. 하나밖에 없는 아들이 남편을 죽인 비극 때문인지, 고통의 시간을 견뎌내야 했던 그의 어머니는 머리가 새하얗게 센 채 방청석에서 죄수복을 입은 아들을 지켜보고 있었고요. 검사와 변호사는 일상 업무를 처리하듯 서류를 검토했고, 재판장은 신속한 재판을 위해 진행을 재촉했습니다.

판사 지난 재판 기일 이후 6월 20일자 사실조회가 도착했습니다.

검찰 증거로 사용하기 원합니다.

변호사 증거 사용에 동의합니다.

판사 증거 목록에 기재하겠습니다. 증거 요청 취지는 무엇인가요?

검사 범죄사실을 유추할 수 있는 소견이므로 요청합니다.

변호사 다른 의견 없습니다.

판사 피고인의 어머니가 탄원서를 제출했습니다. 김○○가 어머니인가요?

변호사 맞습니다.

판사 어머니가 피고인에게 아버지를 맡겨 놔서 그런(탄원서를 내는) 것 같네요. 그럼 사건 종결합시다.

검찰 피고인이 존속살해 인정해서 무기징역 및 부착명령 구형합니다.

변호인 사고 경위를 보면 피해자의 장기손상이 전혀 없습니다. 피고인이 주먹으로 피해자를 때린 것으로 보입니다. 피해자의 장기가 손상돼 피가 흩날린 흔적도 없습니다. 피해자가 잘못 맞아서 사망한 사건으로 보입니다. 피고인이 피해자를 죽일 생각이었다면 목을 조르거나 칼을 사용했을 겁니다. 그런데 맨주먹만 사용했습니다. 이 사건이 6월 6일 발생했는데, 피고인은 6월 5일 아버지를 모시고 병원에 갔습니다. 아버지를 죽일 계획이었다면, 피고인이 6월 5일 아버지를 모시고 병원에 갔을 리가 없습니다. (아버지를 폭행한 후) 문을 잠그고 피해자를 사망에 이르게 했다는 건 일반적으로 보이진 않습니다. 아버지가 사망하자 피고인 본인이 당황해 물건을 챙겨 도망간 것 같습니다. 이 사건은 피고인이 아버지를 죽일 생각은 아니었고 한번 때렸을 뿐인데, 아버지 신체가 많이 약해져 있어 불가피하게 그런 상황이 나온 것입니다.

피고인이 고등학교 때도 피해자 아버지를 위해 7일간 간호한 게 생활

기록부에 나타납니다. 군대에서 정신과 치료를 받은 기록도 나옵니다. 피해자를 요양병원에 맡겼다면 이 사건은 발생하지 않았을 것입니다. (어머니가) 간호하다가 우울증과 정신병에 걸려서 아들이 (아버지를) 모셨습니다. 아들이 아버지를 모시고 여행도 갔고, 가서 찍은 사진도 있습니다. 생활보장 대상자로 지정돼 월 60~70만 원으로 한 달을 살았습니다. 정신적·경제적으로 어려움에 몰렸을 겁니다. 유족들은 처벌을 원하지 않고 있습니다. 이 모든 점들을 살펴주시기 바랍니다. 피고인은 아버지를 죽일 생각이 없었습니다. 참작해주십시오. 모든 가족이 김씨의 처벌을 원하지 않고 있습니다. 이런 비슷한 사건에 집행유예가 선고되기도 했습니다. 피고인이 앓았던 병도 참작해 선고해주셨으면 합니다.

판사 피고인은 마지막으로 하고 싶은 말이 있습니까?

김민준 (재판정에 등장할 때만 해도 덤덤했던 표정이 이내 일그러졌다. 분주했던 재판정의 분위기도 숙연해진다. 울먹이던 그는 이내 안경을 벗고 눈물을 훔쳐낸다. 방청객에서 이를 지켜보던 어머니도 소리 내 흐느끼기 시작한다.)

판사 천천히 마음 가다듬고 말해도 됩니다.

김민준 (계속 울먹임).

판사 앉아서 할래요?

김민준 그럴게요(약 1분간 계속 울먹이다가 조금 안정이 되자 말하기 시작한다). 우선 이런 나쁜 죄를 저질러 정말 죄송합니다. 생활이 너무 어렵고 힘들어서 제 감정을 통제할 수 없었습니다. 죄송합니다. 기본적인 의식주 생활이 안정되지 못해 늘 불안했습니다. 이겨내지 못하고, 제 아버지를 잘 보살피지 못한 점 너무 부끄럽고, 미안하고, 후회됩니다. 입이 열 개라도 드릴 말씀이 없습니다. 평생 죄를 뉘우치고 반성하겠습니다. 꼭 의사가 되어서 아프고 힘든 사람들을 치료하고 도우면서 사회의 일원으로 사람답게 살겠습니다.

처음 사건을 조사받으며 제 가족에게 생긴 일이 믿기지 않았고 정신이 없었습니다. 이건 어쩌면 꿈이라고 생각하면서 아버지 상황을 믿고 싶지 않았습니다. 저의 조사 태도에 대해서도 늦었지만 사죄드립니다. 정말 죄송합니다.

저는 자주 너무 슬펐습니다. 외로웠고, 위로가 필요했습니다. 하지만 (침묵) 저 혼자서 버티기에는 버거웠고 비참했습니다. 가족과 함께하고 싶었던 일들이 가슴속에 가득했는데, 눈앞에 처해 있는 제 상황들을 이겨내는 게 쉽지 않았습니다. 고통을 버텨야 했고 힘겹게 살아내야 했습니다.

저는 결국 루저입니다. 제가 잘못한 점들은 변명의 여지가 하나도 없습니다. 저를 낳아주신 부모님께 못난 모습 보이고 큰 죄를 지었습니다. 면목이 없습니다. 평생 사죄하고 반성해 반드시 이로운 사람이 되겠습니다. 제가 지은 죄를 절대 잊지 않겠습니다. 모든 분들께 정말 죄송합니다.

판사 7월 12일 오후 2시에 선고하겠습니다.

2018년 7월 12일 오후 2시, 서울고등법원 서관 제302호. 재판이

간병살인, 154인의 고백

시작되자 김민준 씨가 들어와 피고인석에 섰습니다. 판사는 지체하지 않고 바로 선고를 시작했습니다.

판사 피고인에 대해 검사는 존속살인이라고 주장을 한다. 아버지를 죽이려는 의도가 있다는 것이다. 실제로는 어떠했는지 몰라도 피고인이 살인 의도를 가지고 직접 죽이려고 한 증거는 부족해 보인다. 문제는 피고인이 거동도 못하는 아버지를 갈비뼈 12개가 부러질 정도로 때렸다는 것이다. 건강한 피고인이 약한 아버지를 때렸고, 그 자리에서 아버지가 돌아가신 것은 책임져야 한다.

사정은 딱하지만, 5년형을 선고한다. 한 사람을 죽게 만든 사람이 져야 하는 무게라고 본다. 5년간 살고 나와서 제대로 공부하고 실력을 쌓기를 바란다. 피고는 젊으니까 형을 살고 나와도 젊다. 선처하려고 많은 고민을 했다. 피고인이 형을 살고 나와서도 잘 살아야 하니 부착 명령은 청구하지 않겠다.

이날 재판정에는 보기 드문 장면이 펼쳐졌습니다. 법원은 보통 재판정에서는 재판 중이든 끝나고 나서든 피고인이 방청석에 있는 가족과 말을 하거나 신체적으로 접촉하는 것을 엄격하게 금지합니다. 그런데 이날은 예외적으로 판사가 피고인과 피고인 가족이 포용할 수 있도록 허락했습니다. 김민준 씨와 김씨 어머니는 방청석과 재판석을 나누는 작은 칸막이를 사이에 둔 채 서로 안고 한참이나 울었습니다.

독자 여러분이 판사라면 이 청년에게 어떤 벌을 내리겠습니까. 이 청년은 13년 전 뇌경색으로 쓰러진 아버지를 혼자 돌보다 주먹으로 때려 숨지게 했습니다. 천륜을 저버린 범죄가 분명합니다. 그가 저지른 일의 결과를 보면 벌을 받아 마땅합니다. 그러나 필자들은 취재를 하면 할수록 이 청년을 향해 돌을 던지는 일에 머뭇거릴 수밖에 없었습니다. 절망으로 몇 달 사이 백발이 된 어머니의 기막힌 사연을 듣고 손가락질이 온당한지 고민해야 했습니다.

어머니는 "가족은 살려고 노력한 죄밖에 없다"고 말합니다. 십 수 년 간병에 지쳐 본인은 우울증을 앓았고, 이를 모른 척할 수 없었던 아들이 2년 전부터 간병을 도맡았습니다. 어릴 때부터 똑똑해 줄곧 반장을 했고, 과외 없이 명문대에 입학한 아들이었습니다. 간신히 오른손만 움직이는 아버지에게 아들은 무척 잘해주었습니다. 사건 전날도 부친을 업고 아버지가 좋아하는 막국수를 먹으러 갔다고 합니다. 그러나 뇌출혈 후유증으로 5살 아이 수준으로 돌아간 아버지의 행동을 온전히 감당하기는 어려웠을 겁니다. 하루 4번, 알약 17개를 먹이면서 "먹기 싫다"고 떼쓰는 아버지에게 순간 화가 치밀었는지도 모릅니다.

이 청년은 결국 법원에서 징역 5년을 선고받았고, 이를 받아들이지 못한 어머니는 대법원에 상고했지만 기각되었습니다. 필자들이 청년을 편들 생각은 없습니다. 그럼에도 2018년 7월 이 청년이 항소심 최후 변론에서 고통스럽게 내뱉은 고백과 판사의 판결문을 언급한 것은 우리에게 놓인 이 상황을 독자들이 알아주고 함께 고민해주었으면 해서입니다.

　이 책이 힘들고 어렵게 누군가를 간병하는 이들에게 조금이라도 힘이 되었으면 좋겠습니다.

나가는 말

간병살인, 154인의 고백

1판 1쇄 펴냄 2019년 06월 25일
1판 5쇄 펴냄 2024년 07월 10일

지은이 유영규·임주형·이성원·신융아·이혜리
펴낸이 천경호
종이 월드페이퍼
제작 (주)아트인
펴낸곳 루아크
출판등록 2015년 11월 10일 제2021-000135호
주소 10881 경기도 파주시 회동길 480, 아트팩토리 NJF B동 233호
전화 031.998.6872
팩스 031.5171.3557
이메일 ruachbook@hanmail.net

ISBN 979-11-88296-29-3 03300

이 책의 내용을 이용하려면 반드시 저작권자와 루아크의 동의를 받아야 합니다.
이 도서의 국립중앙도서관 출판예정도서목록(CIP)은 서지정보유통지원시스템 홈페이지
(http://seoji.nl.go.kr)와 국가자료공동목록시스템(http://www.nl.go.kr/kolisnet)에서
이용하실 수 있습니다(CIP제어번호: CIP2019023080).